Jörg & Renate Ehlenbröker
Eckhard Lietzow

Agaporniden
Unzertrennliche

54 Farbfotos
21 Zeichnungen

Inhalt

Vorwort

Agaporniden, auch Unzertrennliche genannt, gehören zu den beliebtesten gezüchteten Heimvögeln. Diese kleinen, liebenswerten Papageienvögel werden in den verschiedensten Farbschlägen gezüchtet. Ihre Haltung ist unkompliziert. Über alle Aspekte zum Verständnis der Biologie, Haltung und sachgerechten Pflege informiert dieser Ratgeber der Reihe Heimtiere.

Das Aneignen von Wissen über eine optimale Ernährung oder eventuell auftretende Krankheitssymptome sollte für jeden Agapornidenhalter selbstverständlich sein. Artgerechte Haltung in geräumigen Käfigen oder Volieren stellt aber auch die Anforderungen, Gefahrenquellen im Haushalt zu erkennen und rechtzeitig den Gang zum Tierarzt zu planen, wenn es nötig wird. Wer den Schritt vom Halter zum Hobbyzüchter gehen möchte, findet in diesem Buch Hinweise und Tipps zu den Themen: Paarzusammenstellung, Zuchtvorbereitung und Zuchtverlauf.

Alle Informationen entsprechen dem aktuellen Wissensstand und den Erfahrungen aus 25 Jahren Agapornidenhaltung und -zucht. Ständige Änderungen in der Gesetzgebung, neue Erkenntnisse über artgerechte Tierhaltung und Weiterentwicklungen in der Tiermedizin werden den interessierten Leser veranlassen, sich stets über die neuen Entwicklungen zu informieren.

In diesem Sinne wünschen wir Ihnen ebenso große Freude bei der Haltung, Pflege und Zucht von Unzertrennlichen, wie wir sie über all die Jahre erfahren haben.

Eickum/Enger, im Frühjahr 2001

Jörg & Renate Ehlenbröker,
Eckard Lietzow

Herkunft und systematische Stellung

Die Vorliebe der Menschen Vögel zu halten, zu beobachten und zu pflegen, erstreckt sich auch auf die Familie der Papageien *(Psittacidae)*. Zuerst denkt jeder Vogelliebhaber an die großen Vertreter wie Aras, Kakadus oder Amazonen. Aber auch die kleinen, überwiegend grünen, kurzschwänzigen Agaporniden gehören zu den Papageien. Interessant ist, dass man die abgeleitete Gattung Agapornis auch als „Unzertrennliche" bezeichnet. Liebhaber fanden diese Bezeichnung, weil das Wohlbefinden dieser Vögel von einem Partnertier abhängig ist. Abgeleitet von der Übersetzung der griechischen Wörter *agápe* (Liebe) und *órnis* (Vogel) werden die Unzertrennlichen auch Liebesvögel genannt. Diese Bezeichnung charakterisiert das Wesen dieser gefiederten Freunde. Ob es sich um ein Vogelpärchen handelt oder um einen handzahmen Einzelvogel, allen Unzertrennlichen ist der enge Kontakt zum anderen Vogel oder zum Pfleger gemeinsam.

Papageien (Psittacidae), zu denen auch Agaporniden gehören, sind tropische und subtropische Landvögel. Die auffallendsten Merkmale sind:

– gekrümmter, beweglicher Oberschnabel
– Greiffüße, zwei Zehen nach vorn, zwei nach hinten
– die Arten sind eingebürgert, es gibt keine heimischen Papageien.

Lebensraum und Verbreitung

Bis auf eine Art, das **Grauköpfchen** *Agapornis canus*, sind alle Agapornisarten auf dem afrikanischen Festland beheimatet. Die Verbreitung liegt zwischen dem nördlichen und südlichen Wendekreis, also etwa zwischen dem 15. Breitengrad nördlich und 30. Breitengrad südlich, quer über den Kontinent mit einigen lebensraumbedingten Unterbrechungen. Im Westen Afrikas, beginnend im Senegal verläuft der Lebensraum südlich des Sudan ostwärts bis nach Äthiopien, um dann entlang der Ostküste und der beliebten Urlaubsländer Kenia und Tansania südlich in Mosambik auf den nordwestlichen Zipfel des südlichen Afrika auszulaufen.

Mehr als 500 km vom afrikanischen Festland entfernt haben sich die Grauköpfchen *(Agapornis canus)* auf der viertgrößten Insel der Erde, Madagaskar, niedergelassen. Sie bewohnen dort die Küstenregion und einige umliegende, kleinere Inseln. Auch was die klimatischen Bedingungen des Lebensraumes betrifft, gibt es, wie beim Ver-

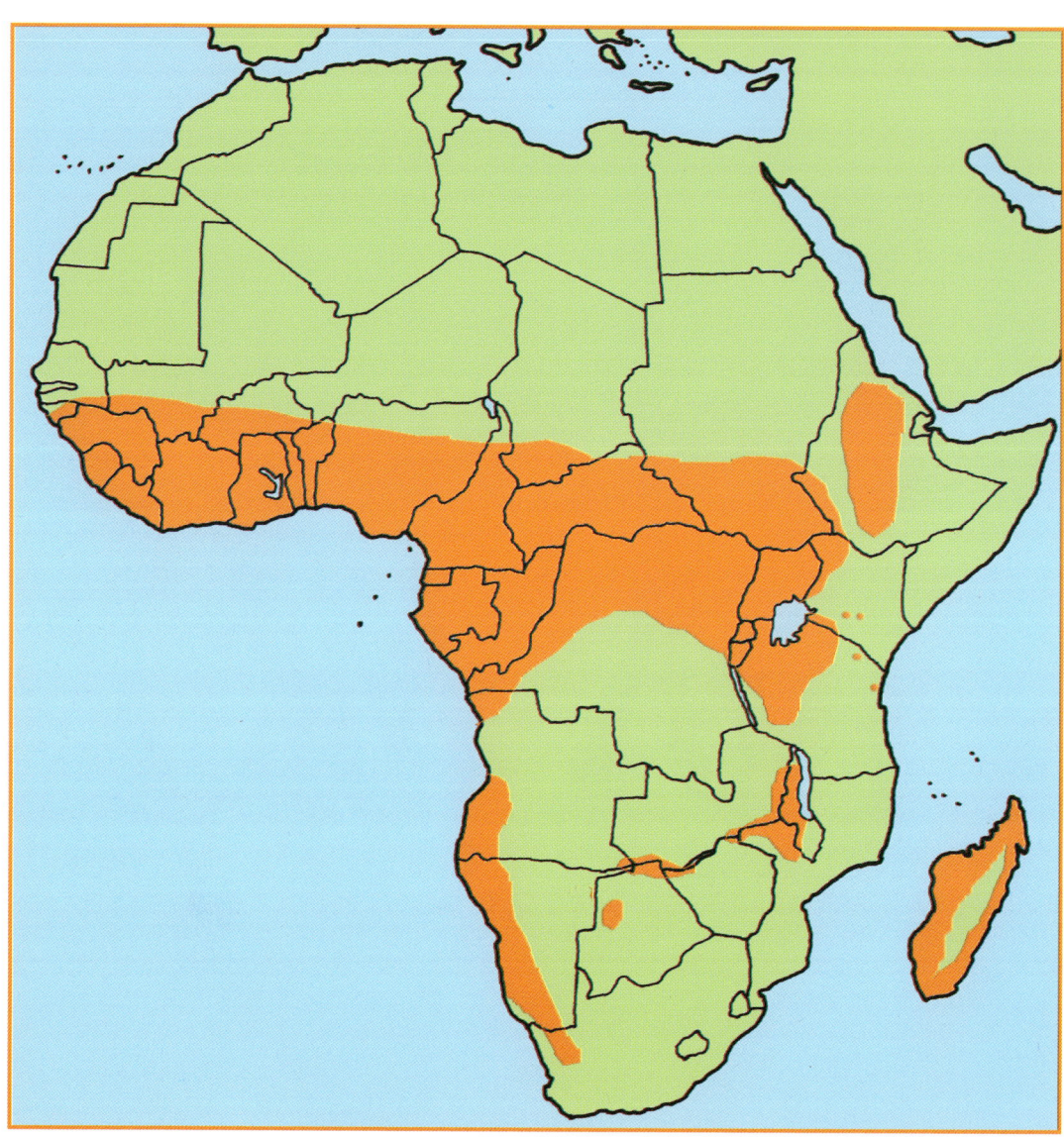

Verbreitungskarte
Die gelb eingezeichneten Bereiche zeigen, wo Gattung Agapornis auf dem afrikanischen Kontinent beheimatet ist.

breitungsgebiet, wieder eine Ausnahme. Das **Grünköpfchen** *Agapornis swindernianus* bewohnt als einzige Art dieser Gattung den immergrünen tropischen Regenwald. Es wurde bisher nicht eingeführt und ist für die Vogelliebhaberei nicht relevant. Alle anderen Arten bevorzugen eher offenes und halboffenes Gelände, durchsetzt mit lichtem Akazienbewuchs und Dorngebüsch. Von Vorteil, bei einigen Arten sogar notwendig, ist die Nähe von Flussläufen und Wasserstellen.

Doch nicht nur in unwegsamen und von Menschen unbewohnten Gebieten fühlen sich die Vögel wohl. Getreideanbaugebiete werden von ihnen als Nahrungsquelle sehr wohl genutzt, daher sind diese Vögel dort verständlicherweise nicht besonders gern gesehen.

Genau so wichtig für die Agaporniden wie die Nahrungsquellen sind auch die Möglichkeiten, sich Brutplätze zu schaffen. Die meisten Arten brüten in Baumhöhlen, die von Spechten oder anderen Vögeln stammen oder in natürlichen Höhlen, etwa in abgestorbenen Ästen oder in ganzen Bäumen. Wo diese Höhlen fehlen, nutzen sie teilweise auch die kunstvollen und großen Nester der Webervögel. Selbst unter Hütten- und Hausdächern machen es sich die Vögel bequem.

Auch hier weicht eine Art von den Brutgewohnheiten der Gattung stark ab. **Orangeköpfchen** *Agapornis pullarius* nutzen die Bauten von Termiten, um sich dort mit eigener Kraft und Geschicklichkeit ihre Röhren mit anschließender Brutkammer zu graben. Der Vorteil dieser Behausung ist, dass die Innentemperatur der Kinderstube wesentlich konstanter ist.

Schwarzköpfchen sind im Freiland in kleinen Trupps anzutreffen.

9

Wichtig: der Natur- und Artenschutz

Glücklicherweise kann auf Importe dieser Vögel verzichtet und damit eine Dezimierung durch Fang für den Handel in den Heimatgebieten verhindert werden. Das war im vergangenen Jahrhundert nicht immer der Fall. Bereits im 18. Jahrhundert (für Orangeköpfchen noch eher) begann die unrühmliche Zeit der Massenfänge, die durch immer bessere Transportmöglichkeiten weiter begünstigt wurden. Erst im zweiten Drittel des 20. Jahrhunderts, als das nationale und internationale Umweltbewusstsein erwachte, besserte sich die Situation für die Vögel. Heute kann davon ausgegangen werden, und die Einfuhrzahlen der CITES-Behörde belegen dies, dass Agaporniden nur noch sporadisch und in sehr geringen Stückzahlen nach Deutschland eingeführt werden.

Leider ist festzustellen, dass der Fang für den Handel noch nicht Geschichte ist. Innerhalb Afrikas ist der Markt für gefangene Vögel durchaus noch intakt. Aber auch die Zerstörung der Lebensräume und die fortschreitende Trockenheit bilden in verschiedenen Gebieten eine große Gefahr für die Freilandbestände der Agaporniden.

Besonders gefährdet im natürlichen Verbreitungsraum sind die **Rußköpfchen** *Agapornis nigrigenis*, obwohl diese Art schon seit mehreren Jahrzehnten nicht mehr oder kaum eingeführt wurde. Die Anfang des 20. Jahrhunderts durch Fang dezimierten Bestände hatten, bedingt durch die Habitatzerstörung und Trockenheit keine Möglichkeit, sich zu erholen. Es wird geschätzt, dass nur noch etwa 5 000 Vögel dieser Art in Freiheit leben, bei weiter rückläufiger Tendenz. Bei allen anderen Arten kann davon ausgegangen werden, dass die Freilandbestände nicht unmittelbar gefährdet sind.

Haben Sie das gewusst?
In Deutschland werden schätzungsweise 5,4 Millionen Vögel gehalten. Eine tier- und artgerechte Haltung ist auch bei der Heimtierhaltung oberstes Gebot! Das Europäische Übereinkommen vom 13. Oktober 1987 zum Schutz von Heimtieren regelt neben dem Tierschutzgesetz tierschutzrechtliche Grunderfordernisse.

Das Washingtoner Artenschutzübereinkommen vom 3. März 1973:
Dieses Gesetz hat Grundregeln hat über den internationalen Handel mit gefährdeten Arten freilebender Tiere und Pflanzen festgelegt.

Die CITES-Bescheinigung:
Jedes Exportland muss eine Ausfuhrgenehmigung für jedes Tier erteilen. Das Importland muss eine Einfuhrgenehmigung beantragen. Es gilt die so genannte CITES-Bescheinigung. Sie entspricht dem „Übereinkommen über den internationalen Handel mit gefährdeten Arten freilebender Tiere und Pflanzen".

Eine weitere Gefahr muss auch erwähnt werden. Durch Verlagerung der Verbreitungsgebiete (natürliche Abwanderung in Gegenden mit besseren Überlebensmöglichkeiten) und Ausbürgerung von Käfigvögeln kommt es im Bereich der **Schwarz-** und **Pfirsichköpfchen** *(Agapornis personatus, Agapornis fischeri)* zu Mischpopulationen, in denen sich zwangsläufig Artbastarde bilden. Das gleiche Schicksal werden in Zukunft **Ruß-** und **Erdbeerköpfchen** *(Agapornis nigrigenis, Agapornis lilianae)* teilen.

Dank der Arbeit vieler organisierter Züchter und Liebhaber bereitet es keine Schwierigkeit, Nachzuchtvögel der einfach zu haltenden Arten zu erwerben. Nun tritt bei Arten, die über viele Vogelgenerationen gezüchtet werden, eine Erscheinung auf, die gerade dem Liebhaber farbenprächtiger Vögel entgegen kommt, die **Mutationsbildung**. Dadurch entstehen interessante und teilweise sehr ansprechende Farbabweichungen bei den sonst vorwiegend grün gefärbten Unzertrennlichen. Dieses Thema wird später noch ausführlich behandelt.

Das Schwarzköpfchen wird jährlich zu mehreren Tausend nachgezogen, es muss seit langem schon nicht mehr aus dem Ursprungsgebiet importiert werden.

11

Arten und ihre Besonderheiten – keine leichte Entscheidung

Die bisherige Einteilung der Arten innerhalb der Gattung ging davon aus, dass sie aus neun Arten besteht. Diese Festlegung hat sich bei Liebhabern und auch den Züchterverbänden durchgesetzt. In neueren Publikationen neigt man dazu, nur noch sechs Arten anzuerkennen. Hier werden die vier Arten mit weißen Augenringen zu einer Art *Agapornis personatus* mit vier Unterarten zusammengefasst. Obwohl die Begründungen teilweise logisch erscheinen, soll im Rahmen dieses Ratgebers die alte, eingebürgerte Einteilung in neun Arten beibehalten werden.

Eine weitere Neuerung, die sich allerdings seit einigen Jahren durchgesetzt hat, soll hier jedoch übernommen werden. Sie betrifft die wissenschaftliche Bezeichnung. Ausgehend von der Tatsache, dass Gattungsnamen, die auf „is" enden (*Agapornis*) als männlich angesehen werden, folgt für die Artennamen, die früher auf „a" endeten jetzt „us". Davon betroffen sind Grünköpfchen (*Agapornis swindernianus*), Orangeköpfchen (*Agapornis pullarius*), Grauköpfchen (*Agapornis canus*) und Schwarzköpfchen (*Agapornis personatus*). Ausgenommen bleiben die Tarantapapageien (*Agapornis taranta*), deren Name sich auf die geographische Herkunft (Tarantapass) bezieht.

Warum muss nun ein Liebhaber auch den wissenschaftlichen Namen kennen und verstehen? Wie bei kaum einer anderen Vogelgattung haben sich die wissenschaftlichen Bezeichnungen bei den Züchtern von Unzertrennlichen eingebürgert, zugegebenermaßen mit teilweise leichten Abweichungen. Man sollte also schon in der Lage sein, einen Vogel der als „*fischeri*" angesprochen wird, unter seinem deutschen Namen Pfirsichköpfchen einzuordnen.

Bei der Vorstellung der verschiedenen Arten soll hier ein Weg gegangen werden, der den Liebhaber dieser Vögel anspricht – der aber auch anregen soll, ein wissenschaftliches Fachbuch als weitere Literaturergänzung zu nutzen. Die Vorstellung der Vögel erfolgt in

Das System der Vögel
Neben den Begriffen **Familie** und **Gattung** ist die wichtigste systematische Kategorie die **Art**. Das wichtigste Kriterium ist nicht die äußere Ähnlichkeit, sondern dass es sich dabei um eine geschlossene Fortpflanzungsgemeinschaft handelt. Es lassen sich im Rahmen dieser Gemeinschaft bestimme Merkmale im Aussehen und im Verhalten abgrenzen.

der Reihenfolge der Eignung, besonders für den Neuling in der Vogelhaltung, und danach, wie einfach oder schwierig es ist, Nachzuchtvögel zu bekommen. Damit ist schon angedeutet, dass sich nicht jede
Art der Agaporniden gleichermaßen für die Haltung eignet. Hierauf
wird bei den einzelnen Arten speziell eingegangen. Die farbliche
Beschreibung wird kurz gehalten. Der für Ausstellungsvögel verbind-
liche Standard wird nachfolgend nicht erläutert, die ausgewählten
Abbildungen charakterisieren diese Arten jedoch treffend.

Rosenköpfchen *Agapornis roseicollis*

Eignung. Spricht jemand, der nur wenig Kenntnis von der Vogel-
liebhaberei hat, über Agaporniden, so meint er fast immer die
Rosenköpfchen. Wie keine andere Art dieser Gattung, sind diese
Vögel uneingeschränkt auch dem Anfänger in der Vogelhaltung zu
empfehlen. Nachgezogene Rosenköpfchen sind bei Züchtern und im
Zoofachhandel stets erhältlich.

Beschreibung. Wie der Name es schon vermuten lässt, ziert den
gesamten Vorderkopf dieser Art eine leuchtend rote Färbung, die sich
über die Wangen und die Kehle bis zur Brust erstreckt, in diesen
Bereichen jedoch nur blassrot wirkt. Die grüne Grundfarbe herrscht in
verschiedenen Abstufungen vor. Unterrücken und Bürzelgefieder
heben sich türkisblau ab, während die Handschwingen nahezu
schwarz sind. Das sichtbare, grüne Schwanzgefieder wechselt zu einer
schwarzen Spitze. Der hell hornfarbige Schnabel trägt eine dunkel-
braune Spitze. Männchen und Weibchen sind
farblich nicht zu unterscheiden. Mit einer
Gesamtlänge von fast 17 cm sind
Rosenköpfchen die größten Vögel unter
den Agaporniden.

**Die erste Rosen-
köpfchen-Mutation war
ein Schecke.**

Heimat. Rosenköpfchen haben ein
ausgedehntes Verbreitungsgebiet, das
sich entlang der südwestafrikanischen
Küste erstreckt. In Süd-Angola beginnend zieht es sich durch Namibia bis
in die nördlichsten Regionen von Süd-
afrika. Eine isolierte Population kommt
im Okawangobecken (Botswana) vor. Trotz
des riesigen Verbreitungsgebietes wird der
Bestand auf weniger als 100 000 Vögel geschätzt.
Die teilweise unwirtlichen Lebensräume verhindern
eine flächendeckende Besiedlung. In der trockenen

und meist felsigen, nur spärlich bewachse-
nen Landschaft sind Wasserstellen zum
Überleben dringend notwendig. Wo diese
vorhanden sind, meist in der Nähe eines
Dorfes mit landwirtschaftlichem Betrieb,
finden die Vögel wieder ideale Bedingungen. Die Bewohner verfolgen die Rosenköpfchen allerdings als Ernteschädlinge.
Haltung. Wir sprechen einerseits von
robusten oder harten Vögeln, andererseits
müssen wir uns bewusst machen, es sind
Vögel, die in einer Käfig- oder Volierenhaltung auf die Fürsorge des Besitzers
angewiesen sind. Berücksichtigen wir
jedoch ihre Grundbedürfnisse, dann stellen Rosenköpfchen die
geringsten Ansprüche aller Vertreter dieser Gattung. Eine paarweise
Unterbringung in einem geräumigen Zimmerkäfig mit Freiflugmög-
lichkeit kommt ihrem Wesen entgegen. Haben Sie vor, mehrere
Rosenköpfchen in Gemeinschaft zu halten, sollte die Voliere nicht zu
klein sein. Die Bezeichnung Liebesvögel hält diese streitlustige Art
nicht vor ernsthaftem Revierverhalten ab. Eine Vergesellschaftung mit
anderen Vogelarten sollte nicht angestrebt werden, es sei denn, die
Voliere ist so groß, dass sie den Unterlegenen ausreichend Rückzugs-
und Versteckmöglichkeiten bietet. Bei der Ernährung stellen Rosenköpfchen keine größeren Ansprüche, als die im Kapitel „Ernährung
und Gesundheit" beschriebenen.
Zucht. Die größte Hürde, die bei einer beabsichtigten Zucht von
Rosenköpfchen genommen werden muss, ist die Zusammenstellung
eines Paares, der Rest findet sich dann von selbst. Erfahrene Züchter
oder Zoofachhändler sind meistens in der Lage, bei der Überwindung
dieser ersten Hürde zu helfen. Hat man das Glück, Rosenköpfchen aus

■ Junge Rosenköpf-
chen unterscheiden sich
von den Eltern durch
blassere Farben und
dunkle Schnäbel.

15

Zu den neueren und sehr beliebten Mutationen gehören die Orangemasken-Rosenköpfchen.

Beständen zu erwerben, in denen auf naturnahe Haltung Wert gelegt wurde, ist der Nestbau das erste interessante Schauspiel. Wie einige andere Arten tragen auch Rosenköpfchen das Nistmaterial nicht im Schnabel ein: die in Streifen abgeschälten Rinden- oder Blattstückchen verstaut das Weibchen im Bürzel-, Rücken- und teilweise auch Bauchgefieder. Es erweckt dann den Eindruck eines mit Brennholzknüppeln beladenen Packesels. Die eigentliche Kunst für das Vögelchen ist nun, möglichst viel von der gesammelten Ladung in den Nistkasten oder Brutstamm zu schaffen. Zu Fuß wäre das nicht so schwierig, aber Vögel fliegen nun einmal.

Stehen den Vögeln ausreichend frische Zweige zur Verfügung (bevorzugt werden die verschiedener Weidenarten), nehmen sie eine umfangreiche Auspolsterung der Höhle vor. Der weitere Brutverlauf unterscheidet sich nur unwesentlich von dem der anderen Arten dieser Gattung. Die vier bis sechs Eier werden etwa 20 Tage bebrütet, im Alter von etwa fünf Wochen verlassen die Jungen das Nest. Fast immer wird das Weibchen bereits wieder zu legen beginnen. Wenn man aber vitale Jungvögel möchte und einer Überbeanspruchung der Eltern vorbeugen will, sollte man nicht mehr als zwei Jahresbruten zulassen.

Farbabweichungen. Unumstritten haben sich beim Rosenköpfchen im Vergleich der Vertreter anderer Arten dieser Gattung, die meisten Mutationen herausgebildet. Das wäre noch überschaubar. Doch durch Kombinationen verschiedener Mutanten sind weitere Farben und andere Kombinationen entstanden, über die der Nichtfachmann kaum den Überblick behalten kann.

Schwarzköpfchen *Agapornis personatus*

Bereits 1927 wurden in Tansania blaue Schwarzköpfchen beobachtet.

Eignung. Auch Schwarzköpfchen sind für Anfänger geeignet.

Beschreibung. Diese Art unterscheidet sich aufgrund ihrer Färbung, die sich schon in der Namensgebung ausdrückt, deutlich von anderen Agaporniden-Arten. Die Schwarzfärbung des Kopfes zieht sich bis zur Kehle herab. Sie wird durch ein intensiv gelbes Band vom Nacken bis zur Brust von den unterschiedlichen Grüntönen des Grundgefieders getrennt. Schwarze Handschwingen unterbrechen diese Grünfärbung. Auffälliges Merkmal ist der korallenrote Schnabel und der unbefiederte, weiße Augenring. Wie schon beim Rosenköpfchen sind auch bei dieser Art die Geschlechter nicht an der Färbung zu unterscheiden.

Die Gesamtlänge der tropfenförmig wirkenden Gestalt des Vogels liegt bei etwa 15 cm.

Heimat. Das ursprüngliche Verbreitungsgebiet des Schwarzköpfchens lag in Zentral-Tansania. Im Laufe der letzten Jahrzehnte hat es sich bis in den Norden erweitert, umfasst aber nur eine Fläche von etwa 50 000 Quadratkilometern – gemessen an der Heimat des Rosenköpfchens nur ein Bruchteil. Im nordwestlichen Bereich hat sich eine Ausdehnung bis an das Vorkommen der Pfirsichköpfchen entwickelt, teilweise überschneiden sich sogar beide Bereiche. Hier kommt es zu Mischpopulationen und bei so nah verwandten Arten zwangsläufig auch zur Bildung von Hybriden. Weiterhin sind in einigen Gegenden Kenias und Ost-Tansanias inselartige Vorkommen beider Arten zu finden, die auf frei gelassene oder bei Exporteuren entflogene Vögel zurückzuführen sind.

Berücksichtigen wir diese Tatsachen, leuchtet ein, dass die Bestände in Freiheit zwar noch nicht akut, aber auf längere Sicht doch gefährdet sind. Erfreulicherweise sind die Importe von Schwarzköpfchen stark rückläufig, auch ein Verdienst der Züchter, deren gefestigte Stämme für ausreichend Nachwuchs sorgen.

Haltung. Ähnlich dem Rosenköpfchen sind auch Schwarzköpfchen relativ problemlos zu halten. Um größere Streitereien bei den Vögeln zu vermeiden, sollte die Voliere bei einer Gemeinschaftshaltung mehrerer Paare nicht zu klein sein, denn auch Schwarzköpfchen sind gelegentlich kleine Raufbolde.

Zucht. Die bereits beim Rosenköpfchen angesprochene Schwierigkeit der Paarzusammenstellung gilt auch für Schwarzköpfchen, weil sich die Geschlechter farblich nicht unterscheiden. Wie alle Agaporniden mit weißen Augenringen tragen Schwarzköpfchen das Baumaterial für ihr Nest im Schnabel ein. Teilweise wird nicht nur die Nest-

Schwarzköpfchen zeigen wie alle Unzertrennlichen ein ausgeprägtes Sozialverhalten.

mulde ausgelegt, sondern ein nahezu überdachtes Nest gebaut. Hierin finden die vier bis fünf Eier sicheren Schutz und nach etwa 22 Tagen Brutdauer schlüpfen die Küken, um im Alter von fünf Wochen ihren ersten Ausflug zu unternehmen.

Farbabweichungen. Blaue, blauweiße und dunkelblaue Schwarzköpfchen bilden schon seit Jahren zusätzliche Farbvarianten bei dieser an sich schon farbenprächtigen Art. Hinzugekommen sind weitere Farben, wie die relativ neue und heiß begehrte: Violett.

Wildfarbene Pfirsichköpfchen sind farblich sehr ansprechende Vögel.

Pfirsichköpfchen *Agapornis fischeri*

Eignung. Diese Art ist uneingeschränkt auch dem Neuling in der Vogelhaltung zu empfehlen, gerade dann, wenn er mit einer kleinen Gruppe beginnen will.

Beschreibung. Der kräftige, tropfenförmig wirkende Körper der Vögel weist eine Grünfärbung in unterschiedlichen Tönen auf. Von der Stirn bis zur Kehle herrscht ein intensives Orangerot vor, das vom Oberkopf zum Nacken hin ins Bräunliche ausläuft. Das sichtbare Schwanzgefieder ist grün und läuft an der Spitze blau aus. Wie bei allen Arten mit den weißen, nackten Augenringen ist der Schnabel rot. Gesamtgröße etwa 15 cm. Männchen und Weibchen sind gleich gefärbt.

Heimat. Das Verbreitungsgebiet des Pfirsichköpfchens beginnt im nordwestlichen Tansania (Serengeti Nationalpark) und erstreckt sich westlich bis an den Victoriasee, um sich dort am südlichen Ufer um den See herum bis nach Burundi und Ruanda zu erweitern. An der Südostgrenze, etwa im Bereich des Lake Manyara erfolgt eine Überschneidung mit dem Vorkommen des Schwarzköpfchens. Die Heimat des Pfirsichköpfchens ist geprägt durch die Grassavanne mit lockerem Baumbestand, vorwiegend aus Schirmakazien. Die in dieser Baumart stark verbreiteten Nester der Webervögel werden von Pfirsichköpfchen gerne zur Brut genutzt, wenn keine Baumhöhlen vorhanden sind. Isolierte Vorkommen in Ost-Tansania und Kenia, in Gesellschaft mit Schwarzköpfchen, wurden bereits angesprochen. Neuere Schätzungen gehen davon aus, dass im Freiland kaum noch 50 000 Pfirsichköpfchen existieren, es ist also langfristig durchaus von einer Gefährdung zu sprechen.

19

Eine seltene Mutation ist das gescheckte Pfirsichköpfchen.

Haltung. Pfirsichköpfchen eignen sich gut zur Gruppenhaltung in nicht zu kleinen Volieren. Doch auch eine paarweise Haltung in der Zimmervoliere ist empfehlenswert.

Zucht. Wie bei beiden bereits besprochenen Arten ist auch beim Pfirsichköpfchen die Zusammenstellung eines Paares nicht ganz einfach. Ist diese Hürde genommen, steht einer erfolgreichen Zucht nur wenig im Wege. In das umfangreiche Nest werden in zweitägigem Abstand vier bis sechs Eier gelegt und etwa 22 Tage bebrütet. Die Nestlingszeit beträgt fünf Wochen.

Farbabweichungen. Zu den seit längerer Zeit bekannten Farben Blau und Pastellgelb sind inzwischen verschiedene Kombinationsfarben dazu gekommen.

Rußköpfchen *Agapornis nigrigenis*

Eignung. Entgegen früherer Aussagen stellen Rußköpfchen keine größeren Anforderungen an den Halter als Schwarz- oder Pfirsichköpfchen. Sie sind also auch für den Anfänger geeignet.

Beschreibung. Dieser nicht ganz so auffällig gefärbte, dennoch sehr schöne Vogel unterscheidet sich vom Schwarzköpfchen auf den ersten Blick durch einen braunen Kopf und einen orangefarbenen Kehlfleck mit geringerer Ausdehnung. Er ist auch etwa 1 cm kleiner. Der rote Schnabel ist ebenfalls deutlich kleiner als der des Schwarzköpfchens und geht zum Ansatz hin in eine hellere Färbung über. Ein wichtiges Merkmal zur Erkennung der Artenreinheit ist das grüne Bürzelgefieder.

Heimat. Das Verbreitungsgebiet von weniger als 50 000 Quadratkilometern ist das kleinste im Vergleich zu dem der anderen Arten. Es liegt im Bereich des Knotenpunktes von Namibia, Sambia, Zimbabwe und Botswana. Die fortschreitende Austrocknung des Habitats und der übermäßige Fang zu Beginn des 20. Jahrhunderts haben diese Art in ihrem natürlichen Lebensraum zur am meisten gefährdeten *Agapornis*-Art gemacht. Die inzwischen weniger als 5 000 Rußköpfchen zeigen die Tendenz, in östliche Richtung abzuwandern. Hier werden sie auf das Verbreitungsgebiet der Erdbeerköpfchen treffen und es wird die gleiche Situation wie bei Schwarz- und Pfirsichköpfchen in Tansania entstehen.

Haltung. Selbst wenn man die Stimmäußerungen der Rußköpfchen nicht als Gesang im eigentlichen Sinne bezeichnen kann, so sind diese Unzertrennlichen doch wesentlich leiser als alle bereits besprochenen Arten. Paarweise Zimmerhaltung in einem Flugkäfig ist empfehlenswert, steht mehr Platz zur Verfügung, kann auch ein kleiner

Schwarm dieser wesentlich verträglicheren Unzertrennlichen gehalten werden. Auch eine Vergesellschaftung mit anderen Vogelarten ist in den meisten Fällen problemlos.

Zucht. Die Haltung, auch für den Anfänger, ist trotz des bedrohten Bestandes in Freiheit dadurch gerechtfertigt, dass die Nachzuchterfolge in Züchterhand einen Import erübrigt. Dieser findet auch schon jahrelang nicht mehr statt. Nach Zusammenstellung eines harmonierenden Paares steht dem Zuchterfolg kann etwas entgegen. Wie die anderen Arten mit weißen Augenringen tragen auch Rußköpfchen das Nistmaterial mit dem Schnabel ein und verbauen es zu einem umfangreichen Nest. Oft werden bis zu sechs Eier gelegt und meistens auch erbrütet. Die Brutzeit beträgt 21 bis 22 Tage, die Nestlingszeit etwa fünf Wochen.

Farbabweichungen. Lange Zeit ist diese Art von Mutationsbildung verschont geblieben, dann tauchten vor einigen Jahren die ersten blauen Rußköpfchen auf. Sie sind nur äußerst schwer von blauen Vögeln zu unterscheiden, die aus Verdrängungszuchten mit blauen Schwarzköpfchen entstanden sind. Weiterhin tauchten Vögel mit deutlich dunklerem Gefieder (Dunkelfaktoren) auf. Durch die fahr-

Rußköpfchen sind sehr verträglich und können gut im Schwarm gehalten werden.

21

lässige Einkreuzung von Mutationsvögeln des Schwarzköpfchens entstehen neue Farben. Oft handelt es sich hierbei auch um Mischlingszuchten verschiedener Agapornisarten, die genetisch absolut nicht sinnvoll sind. Für den Kaufinteressenten besteht dabei die Gefahr, dass er sich statt eines Rußköpfchens einen Mischlingsvogel kauft, beispielweise ein Ruß- x Schwarzköpfchen, ohne es überhaupt zu merken.

Tarantapapagei
Agapornis taranta

Eignung. Obwohl die Haltung dieser Art nicht schwieriger ist als die der bereits besprochenen Arten, sollte man mit Rücksicht auf die niedrigen Nachzuchtzahlen von einer reinen Haltung ohne Zuchtabsichten absehen.
Beschreibung. Der große Vorteil gegenüber den meisten Arten der Agaporniden ist, dass sich die Geschlechter bei ausgefärbten Vögeln zweifelsfrei bestimmen lassen. Die in verschiedenen Grüntönen vorliegende Grundfärbung wird beim Männchen im Bereich der Stirn und des Vorderkopfes durch eine kräftige Rotfärbung kontrastiert. Dem Weibchen fehlt, mit Ausnahme des roten Schnabels, dieser Farbtupfer. Das grüne Grundgefieder wird im Bereich der Handdecken und des unteren Schwanzgefieders durch Schwarz ersetzt. Trotz dieser relativ schlichten Färbung stellen Tarantapapageien mit ihrer Größe von etwa 17 cm und ihrem ruhigen Wesen eine der imposantesten *Agapornis*-Arten dar.
Heimat. Tarantapapageien weisen die nördlichste Verbreitung aller Agaporniden auf. Der Lebensraum liegt im Hochland von Äthiopien, beginnend an der südlichen Landesgrenze hinauf bis Eritrea. In Höhenlagen bis über 3 000 m, in denen die Nächte empfindlich kalt werden können, streifen die Vögel in kleinen Familienverbänden umher. Der Bewuchs des Geländes besteht vorwiegend aus Kronleuchter-Euphorbien und Wacholderbüschen, teilweise mit Akazien durch-

zogen. Wo aufgrund von Abholzung zur Gewinnung von Brennmaterial der Bewuchs fehlt, haben die Vögel es verstanden, in Bereiche menschlicher Siedlungen auszuweichen, selbst in Addis Abeba sind sie zu finden. Der Freilandbestand gilt derzeit nicht als gefährdet, Importe erfolgen schon mehrere Jahrzehnte nicht mehr.

Haltung. Betrachten wir die Herkunft der Tarantapapageien, könnten wir annehmen, dass eine Haltung in ungeschützten Freivolieren vorteilhaft ist. Doch die Tatsache, dass alle Vögel aus Züchterbeständen bereits seit vielen Vogelgenerationen vorwiegend in Innenräumen gehalten wurden, macht eine Differenzierung erforderlich. Tarantapapageien werden auch gerne in Innenräumen gepflegt, weil diese Art ihre Stimme nicht sehr oft in voller Lautstärke einsetzt und sie deshalb auch im Wohnbereich kaum störend ist. Tarantapapageien sollten in Volieren nur paarweise gehalten werden, weil erwachsene Vögel kaum Konkurrenten dulden. Abweichend von der Ernährung, die im entsprechenden Kapitel beschrieben wird, bevorzugt diese Art wesentlich mehr Obst und Beeren. Feigen, Wacholderbeeren und Hagebutten sollten immer zusätzlich zum üblichen Obst gereicht werden.

Zucht. Noch vor zwei Jahrzehnten galt die Zucht von Tarantapapageien als höchst problematisch, sie gelang nur wenigen Spezialisten. Das hat sich inzwischen geändert. Berücksichtigen wir einige Besonderheiten bei der Unterbringung und Ernährung, so stellt sich in den meisten Fällen Nachwuchs ein. Wie die Rosenköpfchen tragen auch Tarantapapageien das Nistmaterial nicht im Schnabel, sondern im Gefieder ein. Allerdings werden nur sehr kleine Rindenstückchen eingesteckt und ins Nest getragen. Ein aufwendiger Nestbau findet fast nie statt. Mit meistens nur vier Eiern ist das Gelege komplett. Wer

Das Taranta-Weibchen ist vollständig grün.

23

■ Reges Treiben herrscht in der Jung-vogelvoliere der Tarantapapageien.

nach 22 Tagen Bebrütung mit Nachwuchs rechnet, wird sich noch einige Tage gedulden müssen. Es kann durchaus bis zu 28 Tage dauern, ehe die Küken schlüpfen. Dies geschieht, weil eine feste Bebrütung erst ab dem zweiten oder dritten Ei erfolgt. Das Junge aus dem letztgelegten Ei wird voraussichtlich 24 Tage nach Eiablage schlüpfen. Erst im Alter von sieben Wochen verlassen die Jungen das Nest.

Farbabweichungen. Nachdem vor einigen Jahren dunkelgrüne und olivfarbene Vögel nachgezogen wurden, ist nun die Mutation „Falbe" aufgetreten. Weitere Mutanten sind in absehbarer Zeit zu erwarten.

■ Das Weibchen des Grauköpfchens schält sichelförmige Streifen der Rhododendronblätter ab, um diese im Nest zu verbauen.

■ Auch bei den aus Madagaskar stammenden Grauköpfchen sehen die Geschlechter verschieden aus: nur das Männchen trägt die namensgebende graue Färbung.

Grauköpfchen *Agapornis canus*

Eignung. Für Anfänger und für die Zimmerhaltung nicht geeignet. Obwohl diese Vögel ebenfalls seit längerer Zeit in geringer Anzahl gezüchtet werden, sind sie relativ scheu geblieben und man sollte ihnen den Stress der Käfighaltung ersparen.

Beschreibung. Die Bezeichnung Grauköpfchen trifft für diese 14 cm kleinen Unzertrennlichen nur auf das Männchen zu. Abgesehen von den schwarz gesäumten Handschwingen und dem schwarzen Band am Schwanzende ist die Grundfärbung grün, aber in verschiedenen Abstufungen. Männchen haben einen hellgrauen Kopf, diese Farbe ist bis in den Nacken und hinunter bis in die Brust verbreitet. Der Schnabel ist hell hornfarbig.

Heimat. Fernab von den anderen Unzertrennlichen ist das Grauköpfchen auf Madagaskar und einigen kleinen Inseln darum beheimatet. Die Vögel bewohnen umlaufend küstennahe Gebiete des Flachlandes. Bevorzugt sind sie in Reisanbaugebieten anzutreffen. Obwohl Brandrodung auf Madagaskar ständig erfolgt, sieht man bisher keine akute Gefährdung der Art, der Freilandbestand wird auf mehr als eine Million Vögel geschätzt. Rechtlich wäre innerhalb der EG eine Einfuhr möglich, doch erreichten in den letzten Jahren nur wenige Vögel deutsche Importeure. Die Tatsache, dass Grauköpfchen für eine Stubenhaltung kaum geeignet sind, hat sie wohl maßgeblich davor bewahrt.

Haltung. Die scheuen Grauköpfchen sind für eine Käfighaltung ungeeignet. Diese Vögel brauchen Rückzugsmöglichkeiten oder ruhige Zuchträume. Selbst in Volieren gelingt meist nur die paarweise Haltung. Diese Volieren sollten mit beheizbaren Schutzräumen versehen sein.

Zucht. Trotzdem werden Grauköpfchen bei einigen Spezialisten regelmäßig nachgezogen. Neben einer ruhig gelegenen Voliere ist für den Erfolg der Nistkasten und das Nistmaterial von großer Bedeutung. Der Kasten sollte Querformat haben, die Nestmulde einige Zentimeter tiefer liegen als der übrige Kastenboden und die Kontrolltür muss so angeordnet sein, dass das Weibchen nach vorn zum Kastenloch ungehindert ausweichen kann. Sehr wählerisch sind Grauköpfchen bei ihrem Nistmaterial. Nur in seltenen Fällen wird die abgeschälte Rinde der sonst üblichen Weidenzweige eingetragen. Bevorzugt werden Blattstreifen von Rhododendronblättern verbaut (siehe auch Zeichnung auf Seite 25). Eingetragen wird das Material wie beim Rosenköpfchen und dem Tarantapapageien im Gefieder.

Im Gegensatz zu Freilandbeobachtungen werden oft bis zu sechs Eier gelegt, allerdings meist nicht alle Jungen aufgezogen. Die Brutdauer beträgt etwa 21 Tage, die Nestlingszeit sechs Wochen.

Farbabweichungen. Vereinzelt sind Farbabweichungen bekannt geworden. Sie konnten jedoch nicht gefestigt werden.

Erdbeerköpfchen *Agapornis lilianae*

Eignung. Für Anfänger nicht geeignet. Diese Art gehört in die Hände erfahrener Liebhaber mit Zuchtabsichten.

Beschreibung. Erdbeerköpfchen sind wie die anderen Arten mit weißen Augenringen geschlechtsmonomorph, das heißt, eine Unterscheidung der Geschlechter ist vom äußeren Erscheinungsbild her nicht sicher möglich. Die Grundgefiederfarbe ist grün. Kehle, vordere Halsseiten, Stirn und Oberkopf sind orangerot bis mennigrot ("erdbeerrot"). Diese Rotfärbung geht weit über das Auge hinaus. Hinterkopf, Nacken und mittlere Halsseiten sind hell olivgrün. Rücken und Flügeldecken zeigen ein dunkleres Grün als die Bauchseite. Wichtig ist

Pastellgelbe Erd-
beerköpfchen sind recht
seltene, apart gefärbte
Mutanten.

Erdbeerköpfchen
sind mit 13 cm Körper-
größe die kleinsten
Unzertrennlichen.

eine eindeutig grüne Bürzelfärbung, sind hier auch nur geringste Anzeichen von blau zu sehen, kann man davon ausgehen, dass sich unter den Vorfahren Pfirsich- oder Schwarzköpfchen befunden haben. Mit einer Körpergröße von 13 cm sind Erdbeerköpfchen die kleinsten Agaporniden.

Heimat. Im Westen beginnt die Besiedlung östlich der Victoriafälle und verläuft entlang des Sambesi. Nördlich erstreckt sich die Heimat bis an einen weiteren großen Fluss, den Luangwa. Doch nicht nur hier in Sambia sind Erdbeerköpfchen stark an Wasservorkommen gebunden, auch in Malawi und Mosambik konzentriert sich ihr Verbreitungsgebiet entlang der Flüsse.

Haltung. Erdbeerköpfchen sollten keinesfalls als Käfigvögel gehalten werden, da die Bestände bei den Liebhabern noch einige Zeit brauchen, bis man von einer wirklich gefestigten Population sprechen kann. Ein Import ist nicht zu verantworten, weil die Freilandpopulation nicht sehr groß ist und bei der Eingewöhnung erhebliche Verluste auftreten. Zur Unterbringung gilt das bei Rußköpfchen Gesagte.

Zucht. Der gesamte Zuchtablauf bei Erdbeerköpfchen ist vergleichbar mit dem der anderen Arten mit weißen Augenringen. Zum Nestbau verwenden die Vögel allerdings wesentlich feinere, kleinteilige Baustoffe. Die abgeschälten Rindenstreifen sind schmaler und kürzer, auch Grashalme werden von den Vögeln verwendet. Mit oft bis zu sechs oder gar sieben Eiern ist das Gelege sehr groß, doch sind nicht immer alle Eier befruchtet. Nach einer Brutdauer von etwa 21 Tagen schlüpfen die Jungen, deren Entwicklung mit der von Rußköpfchen vergleichbar ist. Schon im Alter von sieben Wochen gelten die Jungvögel als futterfest. Beginnen die Eltern nicht mit einer weiteren Brut, sollte man sie möglichst lange bei diesen lassen, weil sich dann ihr Sozialverhalten besser entwickeln kann.

Farbabweichungen. Die erste Mutation trat in den USA auf, es waren die Lutinos. Bei blauen oder gelben Vögeln sollte man unbedingt Ahnenforschung betreiben. Nicht selten handelt es sich bei den Vorfahren um eingekreuzte Pfirsich- oder Schwarzköpfchen. Bei uns fielen 1992 pastellgelbe Erdbeerköpfchen aus einem phänotypisch wildfarbenen Paar, nachdem dieses zuvor in drei Bruten wildfabene Junge hervorbrachte. Eine Rückverfolgung beider Elternvögel über drei Generationen brachte keinen Hinweis auf andersfarbige Vögel.

Rechte Seite: Zuchterfolge bei Orangeköpfchen sind selten und gelingen nur Spezialisten. Die Jungen sind an der hellen Gesichtsmaske und dem dunklen Schnabel gut zu erkennen.

Orangeköpfchen *Agapornis pullarius*

Eignung. Absolut nicht für den Anfänger geeignet – selbst erfahrene Züchter stufen diese Art als schwer zu halten ein!

Beschreibung. Die durchgehende Grundfärbung ist ein leuchtendes Grün. Stirn und Kehle sind orangerot mit unterschiedlicher Intensität, der Schnabel ist hornfarben bis hellrot. Die unterschiedliche Orangefärbung ist kein sicherer Hinweis auf das Geschlecht, sicheres Merkmal aber sind die schwarzen Unterflügeldecken des Männchens, im Gegensatz zu den grünen beim Weibchen. Die rot gebänderten Schwanzfedern sind nur zu sehen, wenn die Vögel das Schwanzgefieder spreizen. Mit 14 cm Größe gehören Orangeköpfchen zu den kleinsten Agaporniden.

Heimat. Das riesige Verbreitungsgebiet der Orangeköpfchen erstreckt sich in Ost - West - Achse über etwa 5 600 km unterhalb der Sahelzone von der westafrikanischen Küste bis nach Äthiopien, südlich über Uganda, West-Tansania und Zentralafrika bis zur Nordspitze von Angola. Die Vögel bevorzugen busch- und baumbestandenes Grasland, Dornbusch- und Baumsavanne sowie Plantagen in Siedlungsnähe. Ihre Brutgewohnheiten im Freiland erschweren die planmäßige Zucht dieser außerordentlich schönen Vögel. Orangeköpfchen legen ihre Brutkammern in den Bauten der Termiten an, bevorzugt werden die Hügel der Baum bewohnenden Arten. In diese Bauten graben sich die Vögel einen mehr oder weniger langen Gang mit anschließender Brutkammer. Der Vorteil ist ein relativ gleich bleibendes Klima in der Kinderstube.

Haltung. Es hat sich herausgestellt, dass die besten Haltungsbedingungen in kleinen Volieren in gut beheizbaren Innenräumen gegeben sind. Bei Zuchtabsichten sollte nur ein Paar die Voliere bewohnen. Zum Übernachten nutzen die Orangeköpfchen sehr gern dünne Zweige unmittelbar unter der Volierendecke. Bei der Futteraufnahme sind sie nicht so vielseitig wie andere Unzertrennliche. Auch hier sollte, wie beim Tarantapapageien, der Anteil an Obst und Beeren hoch sein. Feigen werden besonders gerne verzehrt und Kolbenhirse muss täglich zur Verfügung stehen.

Zucht. Nur sehr wenigen Spezialisten ist die Zucht der Orangeköpfchen bisher gelungen. Hauptgrund ist die beschriebene Brutgewohnheit der Vögel. Bewährt haben sich lange Nistkästen, die mit gewachsenem Torf oder Korkplatten vollständig ausgefüllt sind. In dieses Material können sich die Orangeköpfchen ihre Brutstätte selbst graben – eine Voraussetzung dafür, dass sie tatsächlich brüten. Verschiedene andere Materialien wie Lehm, Styropor oder Blumensteckschaum

 Grünköpfchen nach einem Ölgemälde von Bruno Regler.

haben sich nicht bewährt. Das Gelege besteht meist aus vier Eiern, die etwa 22 Tage bebrütet werden. Die Jungen verlassen im Alter von etwa 40 bis 45 Tagen das Nest und kehren nicht mehr in dieses zurück. Die spärlichen Zuchterfolge tragen kaum dazu bei, die Volierenpopulation dieser Vögel zu vergrößern.

Farbabweichungen. Bisher aufgetretene Mutationen sind nicht eindeutig belegt und haben sich nicht festigen können.

Grünköpfchen *Agapornis swindernianus*

Eignung. Diese Art wurde bisher noch nicht erfolgreich eingeführt. Es ist verantwortungslos, weitere Versuche zu unternehmen, solange nicht im Freiland intensive Forschungen über die Bedürfnisse und Lebensgewohnheiten von Grünköpfchen durchgeführt werden.

Heimat. Abweichend von den Lebensgewohnheiten der anderen Agaporniden sind Grünköpfchen in den dichten immergrünen Regenwäldern von Liberia über Zentralafrika bis Uganda beheimatet. Diese Lebensweise erschwert eine intensive Beobachtung sehr. Die Vögel sollen sich vorwiegend von Feigen ernähren. Zu den Punkten Haltung, Zucht, Farbabweichungen gibt es also bei dieser Art keine weiteren Angaben an dieser Stelle.

31

Überlegungen zum Kauf

Wenn man sich Heimtiere – gleich welcher Art – anschafft, sollte man sich vor dem Kauf über die Bedürfnisse der zukünftigen Pfleglinge informieren und nicht erst nachdem man sie erworben hat.

Stellen Sie sich vor dem Kauf folgende Fragen:
- Habe ich genügend Zeit für meine neuen Heimtiere?
- Habe ich den Platz für Voliere oder Käfig?
- Bin ich bereit, die ständig wiederkehrenden Arbeiten wie Füttern Reinigung und Pflege zu übernehmen?
- Habe ich geklärt, wer meine Tiere in meiner Abweseheit versorgt?
- Bin ich bereit, die finanziellen Belastungen auf mich zu nehmen?

Information muss sein

Ist die Entscheidung für Agaporniden gefallen und die Unterbringungsmöglichkeit geklärt, gibt es verschiedene Wege erste **Informationen** zu sammeln. Im Buchhandel oder im Zoo-Fachgeschäft gibt es preisgünstige Ratgeber zur Vogelhaltung und -zucht, die meist sehr hilfreich sind. Fragen Sie in Ihrem Freundes- oder Bekanntenkreis, ob schon

▮ Auf zu neuen Abenteuern.

Die wunderschö-
nen Orangeköpfchen
gehören nur in die
Hände von Spezialis-
ten.

Alle Papageienvögel – liebevoll auch Krumm-schnäbel genannt, müssen laut Gesetz beringt sein. Offene Fußringe erhalten Sie über den Zentralverband Zoologischer Fach-geschäfte, geschlossene Fußringe, die den Jungvögeln im Nestlingsalter angelegt wer-den, von den verschiedenen Vogelliebhaber-verbänden gegen Vorlage einer gültigen Zuchtgenehmigung. Das Führen eines amt-lichen Nachweisbuches über Erwerb und Abgabe der Vögel ist Pflicht.

jemand Erfahrungen in der Haltung von Aga-porniden hat. Informieren Sie sich, wieviel Zeit Sie täglich für die Vögel aufwenden müssen. Klären Sie im Vorfeld, ob jemand die Vögel während Urlaub oder Krankheit versor-gen kann. Wenn es in Ihrem Wohnort oder in der unmittelbarer Umgebung einen Agaporni-denzüchter oder Vogelzuchtverein gibt, kön-nen Sie sich auch dort umfassend informie-ren – erst recht, wenn Sie sich für die Zucht der Unzertrennlichen interessieren.

Eine weitere wichtige Frage ist: welches Tier passt zu mir? Wollten Sie schon länger Papageien halten und pflegen, aber es erschienen Ihnen bisher Platz, Zeit- und Kostenaufwand dafür zu hoch? Dann haben Sie nun mit den Agaporniden genau die richtigen Papageien gefunden!

Unzertrennliche besitzen alle für Papageien typische Verhaltens-muster – im Miniformat. Ein für sie ausreichend dimensionierter Käfig ist auch in einem Zimmer unterzubringen, große Papageien brauchen mindestens eine geräumige Zimmervoliere. Die Haltung und Pflege dieser Papageienzwerge ist problemlos und nicht sehr zeitauf-wendig. Auch Kinder und ältere Menschen sind in der Lage, diese Vögel zu betreuen. Da eine Paarhaltung empfohlen wird, reicht die Zeit des Kontaktes zu den Vögeln bei berufstätigen Singles und Ehe-paaren auch am Abend aus. Tagsüber pflegen die Agaporniden den

Agaporniden lieben die Geselligkeit mit ihrer menschlichen Familie.

Sozialkontakt zu einem Artgenossen. Unzertrennliche sind überaus gesellig und neugierig und erforschen jeden Winkel Ihrer Umgebung. Jede Veränderung wird genau beobachtet und untersucht. Dabei kommt nie Langeweile auf, bei den Vögeln nicht und auch nicht bei Ihnen als Beobachter. Artenvielfalt und mehr als einhundert **Farbmutationen** und andere **Kombinationen** lassen dem zukünftigen Halter beim Aussuchen der Vögel sehr viel Spielraum für den persönlichen Geschmack.

„Mutationen" sind Vögel, die farblich von der Wildfarbe abweichen und diese genetische Veranlagung an ihre Nachkommen weiter geben können.

„Kombinationen" entstehen durch Verpaarung zweier verschiedener Mutationsvögel einer Art. Die Farbpalette der Art kann dadurch erweitert werden.

Einzelvogel oder Paar?

Wie erwähnt, sollte man Unzertrennliche nur in Ausnahmefällen einzeln halten, Paarhaltung ist in jedem Fall besser. Die Einzelhaltung kann nur dann in Frage kommen, wenn der Halter die Rolle des Partners übernehmen und ausfüllen kann und will. Das bedeutet, dass Sie ihrem Hausgenossen mehrere Stunden am Tag Gesellschaft leisten müssen.

TIPP Verbringen Sie soviel Zeit wie möglich mit den kleinen Kobolden, sie werden es Ihnen auf „Vogelart" danken.

Alleinstehende, ältere oder nicht mehr berufstätige Menschen können diesen Anspruch sicherlich am besten erfüllen, denn selbst wenn Sie als Halter momentan in der Lage wären, mit Ihren kleinen Papageien einige Stunden am Tag zu verbringen, so darf man bei diesen Überlegungen nicht vergessen, dass diese Vögel ihr Leben lang diesen engen Kontakt brauchen. Zu erwähnen ist, dass ein einzeln gehaltener Agapornide wahrscheinlich eher zahm und anhänglich wird. Die von ihm gewählte Bezugsperson hat dadurch aber auch eine starke Verpflichtung dem Vogel und seinen Bedürfnissen gegenüber.

In einer Familie sollte man sich immer für die Haltung von mindestens zwei Agaporniden entscheiden. Stehen Familienaktivitäten auf dem Programm, sind die Vögel nicht nur tagsüber, sondern auch gelegentlich oder häufiger abends und an den Wochenenden allein. Dann können sich die Unzertrennlichen immer noch mit ihrem Partnervogel beschäftigen und dort Kontakt suchen. Auch in der Urlaubszeit bringt die Haltung von einem Paar oder einer kleinen Gruppe Vorteile. Wenn man die Vögel in eine Pflegestelle geben muss, haben sie dort wenigstens ihren vertrauten Partner.

Bei dem hier verwendeten Begriff „Paar" muss es sich nicht immer um ein weibliches und ein männliches Tier handeln. Auch zwei gleichgeschlechtliche Vögel können in der typischen Art der Unzertrennlichen sehr sozial miteinander umgehen. Kleinere Streitereien

35

hängen nicht zwingend mit dem Geschlecht der Tiere zusammen,
das kommt in den „besten Familien" vor und somit auch bei einem
echten Paar. Die Geschlechtsbestimmung bei den meisten *Agapornis*-
Arten ist nicht ganz einfach, da bis auf einige Ausnahmen, die
Geschlechter optisch nicht zu unterscheiden sind.

Welche Ansprüche stellen die Unzertrennlichen?

Auch wenn Agaporniden keine außergewöhnlichen Ansprüche an
Haltung und Pflege stellen wie einige andere Vogelarten – so etwa
Nahrungsspezialisten wie Loris oder Feigenpapageien – sind eine vernünftige, ausgewogene Ernährung sowie eine saubere, möglichst
geräumige Unterbringung die Grundvoraussetzungen für die Haltung
dieser kleinen Papageienvögel.

Die **Sauberkeit** des Käfigs ist eine der wesentlichen Anforderungen
eines jeden Vogels an seinen Halter. Die meisten im Handel angebotenen Käfige besitzen eine Bodenwanne aus Plastik mit einer Kotschublade, die eine Reinigung wesentlich erleichtert. Mindestens einmal
wöchentlich, dies ist aber vom Besatz des Käfigs oder der Voliere
abhängig, sollte man den verwendeten Bodenbelag komplett auswechseln. Als **Bodeneinstreu** hat sich der altbekannte Spezialvogelsand und die sich in jüngster Zeit immer stärkerer Beliebtheit erfreuenden, stark saugfähigen Materialien wie Buchenholzgranulat oder
Maisschrot bestens bewährt. Auch die Bodenwanne und die Schubla-

de sollten in regelmäßigen Abständen ausgewaschen werden. Dies dient auch der Krankheitsvorbeugung bei Vogel und Halter.

Das ständige Anbieten von frischem **Badewasser** fördert ebenfalls das Wohlbefinden, denn Agaporniden baden sehr gern und ausgiebig. Positiver Nebeneffekt ist eine Verbesserung der Gefiederqualität und eine Verringerung und bessere Bindung des Gefiederstaubes.

Spielsachen sind bei einer Paarhaltung weder notwendig noch sinnvoll. Bringen Sie auf jeden Fall keinen Spiegel oder Plastikvogel im Käfig an. Vögel können ihr Spiegelbild nicht erkennen und halten den Vogel im Spiegel für einen Konkurrenten oder sogar Feind. Dies führt zu unnötigen Aggressionen gegenüber dem Spiegelbild und ebenso unnötiger Aufregung bei den kleinen Papageien. Plastikvögel und anderes Kunststoffspielzeug bergen eher Gefahren, als dass sie nützen. Den kräftigen Schnäbeln

Wichtig

Ein Spiegel im Käfig fügt den Vogel auf lange Sicht psychischen Schaden zu: Er kann sich selbst im Spiegel nicht erkennen.

Entweder sieht er im Spiegelbild einen Rivalen, gegen den er aggressiv vorgehen muss. Oder als allein gehaltener Papagei vermutet er einen „echten Partner" im Spiegel, den er dann füttert oder mit ihm Paarungsversuche unternimmt.

Alle diese vergeblichen Versuche bedeuten Dauerstress für den Vogel. Also Hände weg von Spiegeln!

Spielzeug für Unzertrennliche	
Schlecht	Gut
Spiegel	
Plastikteile	
Plastikvögel	Hanfseil
	Hartholz
	Frische Äste

halten die Plastikteile nicht lange Stand und sehr schnell haben die Vögel ein Teil davon verschluckt. Dies kann tödlich enden. Bestens bewährt haben sich dagegen dicke, fest gedrehte Stricke aus **Hanfseil**, die mit wachsender Begeisterung untersucht und benagt, aber auch als Sitzgelegenheit benutzt werden. Ansonsten bieten sich alle Produkte aus **Hartholz** zum Benagen an. Wichtig ist immer, dass die verwendeten Materialien möglichst Naturprodukte sind, so schaden Sie ihren Pfleglingen garantiert nicht. Gerade bei Agaporniden sind **frische Naturäste** sehr beliebt. Sie werden ausgiebig benagt, teilweise wird auch die Rinde abgeschält. Bei einigen *Agapornis*-Arten gehört dies zu ihren natürlichen Verhaltensweisen innerhalb der Brutzeit. Achten Sie aber unbedingt darauf, dass die angebotenen Äste unbehandelt und nicht mit Insektiziden oder anderen Giftstoffen in Kontakt gekommen sind.

Welche Unterbringungsmöglichkeiten kann ich schaffen?

Die gängigste Art, Vögel unterzubringen, ist im **Vogelkäfig**, aber auch Zimmer- oder Gartenvolieren sind gut geeignet. Wie die Vögel letzten Endes gehalten werden, hängt neben finanziellen und räumlichen Aspekten auch ein wenig vom persönlichen Geschmack ab. Auf jeden Fall sollte die Frage der Unterbringung vor dem Erwerb der Vögel geklärt sein. Das neue Vogelheim muss den Pfleglingen genügend Platz bieten und dabei kann ein Käfig oder eine Voliere eigentlich niemals zu groß sein.

Für zwei Agaporniden empfiehlt sich ein **Vogelkäfig** mit den Maßen 100 cm Länge, 50 cm Höhe und 50 cm Tiefe. In keinem Fall

Folgende Publikationen zum Tierschutz können Sie beim Bundesministerium für Ernährung, Landwirtschaft und Forsten, Referat für Öffentlichkeitsarbeit, Postfach 140270, 53107 Bonn kostenlos erhalten:
• Tierschutzgesetz
• Gutachten über Mindestanforderungen an die Haltung von Papageien
• Gutachten über Mindestanforderungen an die Haltung von Kleinvögeln (Körnerfressern).

Käfige gibt es in vielen Ausführungen. Sie müssen zuallererst den Bedürfnissen der Vögel gerecht werden.

sollten die Gitterstäbe senkrecht verlaufen, ein Vogelkäfig für Sittiche und Papageien muss querverdrahtet sein. Nur in solchen Käfigen können die Agaporniden ihrem Kletterbedürfnis nachkommen, ohne sich durch ständiges Herunterrutschen an senkrechten Gitterstäben zu verletzten oder das Gefieder zu beschädigen. Die Form eines zweckmäßigen Käfigs ist immer **rechteckig** oder **quadratisch**. Runde Käfige sind Tierquälerei, denn sie bieten den Vögeln keinerlei Orientierungspunkte. Im kompetenten Fachhandel findet man daher solche Modelle nicht mehr. Sehr wesentlich ist auch, dass man beim Erwerb eines Käfigs für Agaporniden auf ein **geeignetes Material** achtet, etwa reines Metall. Mit Kunststoff ummantelte Gitterstäbe halten dem Nagebedürfnis der Unzertrennlichen nicht lange stand. Der Käfig wird schnell unansehnlich, die betroffenen Stellen können rosten und somit sind sie auch wieder eine Gefahrenquelle für die Bewohner.

Hat man einen geeigneten Käfig erworben, gilt die nächste Überlegung dem optimalen **Standort** des neuen Vogelheims. Es sollte hell stehen, aber nicht in direkter Sonneneinstrahlung, damit die Vögel jederzeit die Möglichkeit haben, einen schattigen Platz aufzusuchen.

Zimmervolieren sind für die Unterbringung von Unzertrennlichen gut geeignet.

Der klassische Fensterplatz sollte ebenfalls vermieden werden, wenn sich direkt darunter ein Heizkörper befindet. Sobald die Heizung eingeschaltet ist, steigt ein ständiger, warmer Luftstrom auf, der vom Menschen kaum wahrgenommen wird. Bei den darüber platzierten Vögeln trocknet diese warme Luft die Haut mit der Zeit immer mehr aus. Dies führt zu einer Spannung der Haut, die den Vogel zu vermehrtem Putzen reizt. Der dadurch ausgelöste Juckreiz kann im schlimmsten Fall bis zum Rupfen des Gefieders führen.

TIPP
Optimal ist **ein Platz in Augenhöhe** des Pflegers, geringe Abweichungen nach oben oder unten sind nicht gravierend. Steht der Käfig jedoch zu tief, erscheinen die Menschen aus der Perspektive der Käfigbewohner riesig und die Vögel zeigen ein ängstliches Verhalten.

Hat man keinen Platz in optimaler Höhe, kann man mit einem in der Decke verankerten Haken und einer in vielen Formen und Farben in Baumärkten erhältlichen Ketten den Käfig aufhängen. Als praktisch erweist sich diese Methode auch bei der Bodenreinigung, weil man Futterspelzen unter dem Käfig schnell und bequem mit dem Staubsauger entfernen kann. Die Standortplanung muss auch berücksichtigen, dass Agaporniden nicht der **Zugluft** ausgesetzt werden dürfen. Das kann zu chronischen Erkrankungen, über einen längeren Zeitraum sogar zum Tod der Vögel führen. Die Küche ist ebenfalls als Standort ausgeschlossen. Vögel mögen Kochschwaden nicht, außerdem ist die sprichwörtliche Gefahr bei Freiflug „im Kochtopf zu landen", nicht zu unterschätzen.

Eine noch bessere Möglichkeit zur Haltung von Agaporniden ist eine **Zimmervoliere**, die mindestens die Maße von 100 cm x 100 cm x 150 cm haben sollte. Aber nach oben sind keine Grenzen gesetzt. Es gibt sehr geeignete und preislich erschwingliche Zimmervolieren im Fachhandel. Man kann sich auch Volieren auf Maß anfertigen lassen. Die Bedingungen zu Beschaffenheit und Standort treffen für die Voliere genauso zu wie für den Käfig.

Wer handwerklich dazu in der Lage ist, kann sich seine Zimmervoliere selbst bauen. Bei einer Holzbauweise muss das meist sehr stark ausgeprägte Nagebedürfnis der Agaporniden berücksichtigt werden. Der Volierendraht wird von innen auf die Holzrahmen gespannt und befestigt. So gelangen die Vögel nicht so leicht an die Holzteile ihres Eigenheims. Bei Verwendung der in den letzten Jahren verstärkt angebotenen Aluminiumbauteile fällt dieser Aspekt der Volierenplanung natürlich weg.

Rosenköpfchen-Schecke in der blauen Mutationsform.

Zweckmäßig ist es, wenn eine größere Zimmervoliere auf Rollen steht, so kann sie in der Wohnung auch mal allein bewegt werden. Und dies ermöglicht es dem Halter, die Vögel bei schönem Wetter zeitweise auf dem Balkon oder der Terrasse unterzubringen. Hier muss allerdings ausdrücklich vor der direkten Sonneneinstrahlung gewarnt werden. Die Vögel mit einer auf die Voliere gelegten Decke gegen die Sonne zu schützen funktioniert nicht, denn dabei besteht viel eher die Gefahr, dass die Vögel einem Hitzestau erliegen.

Sehr wohl fühlen sich Agaporniden in einer separat stehenden **Gartenvoliere**. Hier kann bei entsprechendem Raumangebot auch ein ganzer Schwarm gehalten werden. Die Gartenvoliere muss, wenn sie ganzjähriger Aufenthaltsort der kleinen Vögel wird, auf jeden Fall über einen beheizbaren Schutzraum verfügen. In diesem Schutzraum

41

Außenvolieren lassen sich sehr gut in die Gartengestaltung einbeziehen.

Wichtig

Eine **Doppelverdrahtung** schützt die Volierenbewohner vor Beutegreifern wie Mardern, Greifvögeln oder Katzen. Zwischen den Volierenabteilen hält sie die Vogelrivalen auf Distanz und Beißereien werden verhindert.

sollte die Temperatur nie unter 10 °C sinken, um das Wohlbefinden der Agaporniden auch während der kälteren Jahreszeit sicherzustellen. Optimal ist ein gemauerter **Schutzraum** mit betoniertem Boden, der unerwünschte Eindringlinge abhält. Für den Ausflug kann dann wieder zwischen Holz- oder Metallbauweise gewählt werden. Allerdings ist bei einer Außenvoliere immer eine doppelte Verdrahtung in die Planung einzubeziehen.

Je nach den räumlichen Gegebenheiten kann man eine Voliere ohne Schutzraum auch im Keller oder auf dem Dachboden errichten. Dann muss natürlich für richtige Beleuchtung und Belüftung dieses Raumes gesorgt werden. Solche Volieren bieten sich besonders an, wenn Sie sich dazu entschlossen haben, es doch einmal mit der Zucht dieser lebhaften Vogelzwerge zu versuchen.

Bringt man Agaporniden in einer Voliere außerhalb des Wohnbereichs oder in einer Gartenvoliere unter, werden sie nicht so zahm oder sie verlieren ein wenig ihre schon vorhandene Zutraulichkeit gegenüber ihrem Pfleger. Die Entscheidung für möglichst zahme, anhängliche Vögel ist somit fast immer eine Entscheidung gegen die Gartenvoliere oder die zur Zucht geeigneten Volieren außerhalb der Wohnräume. Hat man sich für einen bunten Schwarm Vögel und deren lebhaften Treiben, oder nach anfänglicher Paarhaltung doch für eine Liebhaberzucht entschieden, dann kommt nur die Volierenhaltung in Frage.

Egal welche Haltungformen man wählt, es ist auch das **Zubehör** zu beachten. Die äußere Beschaffenheit des Bodens und des Bodeneinstreus wurde bereits angesprochen. Für die Inneneinrichtung sollte möglichst kein Plastik verwendet werden. Die **Sitzstangen** sollten aus Naturholz sein oder noch besser, Sie besorgen sich **Naturäste** von Obstbäumen. Ordnen Sie unterschiedlich dicke Sitzstangen an, so wird die Muskulatur des Vogelfußes beansprucht und dem starken Wachstum der Krallen vorgebeugt.

Für den Umfang der Sitzstangen gilt: der Vogelfuß muss die Stangen noch zu zwei Dritteln umfassen. Sitzstangen müssen regelmäßig ausgetauscht werden, bei Natursitzstangen ist dies nicht sehr schwierig.

Futter- und Wassergefäße hält der Fachhandel in großer Auswahl bereit, aber denken Sie bei der Auswahl immer an die Kraft der Papageienschnäbel. Besonders bewährt haben sich kleine Edelstahlnäpfe, die in unterschiedlichen Größen und mit verschiedenen Befestigungsmöglichkeiten angeboten werden. Diese Näpfe lassen sich auch gut reinigen und desinfizieren, Gleiches gilt für Keramiknäpfe oder die beliebten, innen glasierten Tonschalen.

Das tägliche Wechseln von Trink- und Badewasser gehört ebenso wie regelmäßiges Füttern zu den Selbstverständlichkeiten in der Vogelhaltung.

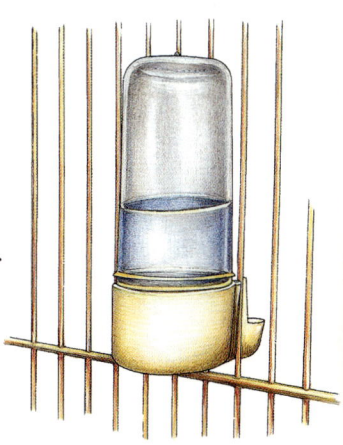

Plastik-Trinkröhrchen sind nicht so gut geeignet für Agaprniden wie Edelstahlnäpfe.

Wo kann ich Unzertrennliche erwerben?

Hat man sich nach der ersten Information entschieden, welche Agapornidenart es sein soll, kann man zunächst im örtlichen **Zoofachhandel** nachfragen, ob entsprechende Tiere vorhanden sind. Erfahrene Verkäufer beantworten Ihre Fragen gern und ausgiebig und versuchen nicht, Sie unbedingt von anderen Arten zu überzeugen.

Am besten erwerben Sie Vögel mit geschlossenen Ringen. Auf diesen ist das **Zuchtjahr**, die **Züchternummer** und eine **fortlaufende Nummer** vermerkt, so dass Sie selbst sehen können, wie alt der Vogel ist.

Von Vorteil ist es, wenn man sich vor dem Kauf auch schon eine **Züchteradresse** beschafft hat, um die Angebote zu vergleichen. Nicht alle Züchter verfügen das ganze Jahr über Jungvögel, dies ist von der Anzahl der Zuchtpaare ebenso wie von den räumlichen Gegebenheiten abhängig. Aber es besteht die Möglichkeit, bereits die Elterntiere zu besichtigen und Jungvögel vorzubestellen, wenn man solange auf die neuen gefiederten Mitbewohner warten kann. Fragen Sie den Züchter, ob Sie ihn während der Brutzeit besuchen dürfen, vielleicht können Sie die Jungvögel schon im Nest betrachten. So baut sich eine Beziehung zu Ihren Vögeln auf, bevor sie ihr neues Heim beziehen. Der Züchter wird Ihnen bei Problemen auch weiterhin behilflich sein und eventuell Ihre Vögel sogar gegen eine kleine Aufwandsentschädigung während der Urlaubszeit in Pflege nehmen.

Diese beiden halten ein Nickerchen.

Oft bieten Händler und Züchter ihre Nachzuchten auch auf so genannten **Vogelbörsen** an. Da dort erfahrungsgemäß sehr viele Vögel zusammenkommen, hat man auch eine entsprechend große Auswahl zur vergleichenden Betrachtung. Solche Börsen bieten Gelegenheiten, Kontakte zu Agapornidenzüchtern zu knüpfen. Im Herbst finden vielerorts **Vogelausstellungen** statt. Auch hier finden Sie eine Vielfalt von Vögeln und auskunftsfreudige Züchter, von denen Sie Nachzuchtvögel erwerben können.

Transport

Endlich, die neuen Mitbewohner oder vorbestellten Nachzuchten sind ausgesucht und erworben, sie müssen nun nach Hause transportiert werden. Dies erfolgt in geeigneten Behältnissen, in denen Vögel nicht unnötig Stress ausgesetzt sind. Haben Sie die Vögel im Fachhandel erworben, wird der Händler die Vögel in einer entsprechend großen **Faltschachtel aus Karton** mit eingelassenen Luftschlitzen unterbringen. Achten Sie unbedingt darauf, dass jeder Vogel einzeln zum Transport verpackt wird, nur so vermeiden Sie Beißereien, die auch bei bereits zusammen gehaltenen Vögeln in der beengten Faltschachtel auf dem Weg auftreten können. Beobachten Sie die Schachteln bei einem längeren Transport genau, denn die Agaporniden nagen diese Behältnisse an den Luftschlitzen gern an und auch schnell ganz kaputt.

> **TIPP** Es ist nicht empfehlenswert, die neu erworbenen Vögel in dem für sie vorgesehenen Käfig zu transportieren. Durch den Fang sind sie schon nervös. In einem Vogelkäfig, den sie nicht kennen, geraten sie sofort in Stress.

Besser ist es, sich vorher einen **Transportkasten** aus Holz zu beschaffen, der wesentlich stabiler und in verschiedenen Ausführungen über den Zubehörhandel zu beziehen ist. Wichtig ist es auch hier, darauf zu achten, dass diese Transportkiste in mehrere Abteile unterteilt ist. Optimale Transportkästen verfügen über einen Schieber an der Rückseite und sind an der Vorderfront mit engmaschigem Drahtgeflecht versehen, das für entsprechende Belüftung und den nötigen Lichteinfall sorgt. Mit etwas Geschick und Werkzeug kann man sich diese Behältnisse natürlich nach eigenen Wünschen auch selbst herstellen. Je flacher man die Konstruktion wählt, desto geringer ist das Verletzungsrisiko, aber der Vogel sollte sich trotzdem noch bewegen können.

Fast immer steht auch der Käfig im Auto während der Rückfahrt nicht sehr stabil. Die Tiere müssen sich bei den fahrtbedingten Bewegungen des Käfigs mehr oder weniger stark um das Gleichgewicht bemühen. Das heißt, sie halten sich eher krampfhaft an den Sitzstangen fest, oder – was wahrscheinlicher ist – fliegen unruhig hin und her und können dabei sich oder das Gefieder verletzten. Gleichzeitig sinkt bei den Vögeln die Akzeptanz des Käfigs, der ihnen eigentlich auch Schutz bieten sollte. Also: bei jedem Transport, auch zum Tierarzt, nicht den Käfig, sondern die Transportkiste benutzen!

45

Eingewöhnung und Pflege

Rechte Seite: Tarantapapageien sind recht stattliche Vögel.

Hat man den optimalen Standort für Käfig oder Voliere gefunden und diese Unterbringungsmöglichkeiten entsprechend vorbereitet, müssen die Vögel schonend mit ihrer neuen Umgebung vertraut gemacht werden.

Nichts ist vor der Neugier der Agaporniden wirklich sicher.

Gewöhnung an das neue Heim

Das Gewöhnen beginnt mit dem Einsetzen in den Käfig oder in die Voliere. Haben Sie im Fachhandel die Vögel einzeln in die Faltschachteln zum Transport untergebracht, so sollten Sie die Schachteln vorsichtig an einer Seite öffnen und auf den Käfig- oder Volierenboden stellen. Die Agaporniden erhalten damit die Chance, selbst aus der Faltschachtel zu kommen, auch den Zeitpunkt wählen sie selbst. Lassen Sie die kleinen Papageienvögel dabei, auch wenn es noch so spannend ist, möglichst völlig in Ruhe. Betrachten Sie das Geschehen aus der Entfernung. Versuchen Sie ihre Neugier zu unterdrücken. Schütteln Sie keinesfalls die Vögel aus den Schachteln.

Verhalten Sie sich ähnlich, wenn Sie die Agaporniden in besser geeigneten Transportkisten aus Holz abgeholt haben. Kommen die Vögel in eine Voliere, so stellen Sie den Transportkasten in die Voliere. Nachdem die Vögel das Transportbehältnis verlassen haben, bleibt dieses noch eine Weile in der Voliere. So werden die Vögel nicht verschreckt.

Bei der Unterbringung in einem Käfig passt das Transportbehältnis meistens nicht durch die Tür. Dann halten Sie die Rückseite vor die geöffnete Käfigtür und entfernen langsam den Schieber aus der Transportkiste. Auch hier warten Sie, bis die Agaporniden von allein den Kasten verlassen haben. Nachdem Sie den Käfig geschlossen haben, beobachten Sie die neuen Mitbewohner zunächst nur aus der Entfernung.

Bewegen Sie sich in den ersten Tagen vor dem Käfig langsam und gehen Sie auf die Vögel sehr ruhig zu, damit sie sich nicht erschre-

Agaporniden sind geschickte Flieger, hier ein blaues Schwarzköpfchen.

cken. Füttern Sie – wenn es geht, immer zur selben Zeit. Agaporniden lernen sehr schnell ihren „Futtermeister" kennen und sie wissen, warum Sie gerade zu dieser Zeit zu ihnen kommen. Gewähren Sie den Vögeln in den ersten vier Wochen keinen Freiflug, denn diesen Zeitraum brauchen sie, um sich an ihr neues Umfeld zu gewöhnen und um ihren Käfig als Revier zu akzeptieren. In dieser Zeitspanne lernen die Agaporniden auch, wer alles zur neuen Familie gehört und man hat die Chance, sie mit weiteren Heimtieren wie Hund oder Katze, die vielleicht ebenfalls zum Haushalt gehören, vertraut zu machen.

> **TIPP**
> Am besten lässt man die Tiere zuerst einige Zeit allein, damit sie sich an das Neue in ihrer Umgebung gewöhnen können und Gelegenheit haben, ihren neuen Käfig oder die Voliere zu inspizieren.

48

Verhalten kennen lernen und verstehen

Während sich die Agaporniden an ihr neues Heim gewöhnen, zeigen sie eine Reihe von Verhaltensmustern, die dem Pfleger auch etwas über ihr Wohlbefinden verraten. Nach kurzer Eingewöhnungsphase werden zunächst die Sitzgelegenheiten getestet. Am beliebtesten sind die am höchsten angebrachten Stangen, von hier kann man auf „den Rest der Welt" herunter schauen. Das vermittelt auch Vögeln ein Gefühl von Sicherheit. Natürlich wollen alle auf diesen oberen Stangen sitzen, was sie teilweise mit Nachdruck in Form einer Streiterei durchzusetzen versuchen. Keine Panik, die Streithähne regeln das unter sich und nach kurzer Zeit ist wieder Ruhe eingekehrt. Dieses Verhalten ist bei fast allen Papageienvögeln in Freiheit ebenso festzustellen, wenn sie abends ihre Schlafbäume aufsuchen. Auch hier herrscht zunächst rege Betriebsamkeit. Die Plätze werden gewechselt, so lange bis jeder Vogel den für sich vermeintlich besten Platz erobert hat.

Ist die Anfangsaufregung nach dem Einsetzen in den neuen Käfig verflogen, gehen die Vögel dazu über, den Käfig zu untersuchen. Schwachpunkte in der Konstruktion werden innerhalb kürzester Zeit aufgespürt und ausgenutzt. So werden die Vögel die serienmäßig in den meisten Käfigen vorhandenen (ungeeigneten) Plastiknäpfe schnell aushängen, umdrehen und einem Haltbarkeitstest unterziehen.

Beginnen die Agaporniden an den frischen Sitzstangen oder zusätzlichen Weidenzweigen zu nagen oder findet bereits das angebotene Futter Beachtung, so sind dies sichere Anzeichen dafür, dass die Vögel sich **wohl fühlen**. In den inaktiven Phasen **ruhen** Agaporniden ein wenig aufgeplustert und plump auf einem Bein sitzend, oft wird dabei auch der Kopf in das Rückengefieder gesteckt und die Augen etwas geschlossen. In dieser Position nehmen sie ihr Umfeld aber immer noch war. Erst wenn die Augen ganz fest geschlossen sind, **schlafen** die Vögel wirklich. Sie reagieren dann meist auch nicht mehr auf Ansprache oder Zuruf.

Werden die Vögel durch etwas aus der unmittelbaren Umgebung **erschreckt** oder sind sie **aufgeregt**, dann richten sie sich ungewöhnlich auf. Sie erscheinen dann sehr schlank und sind fast doppelt so lang. Mit deutlichen **Lautäußerungen** zeigen sie auch ihr Missfallen. Art und Intensität der Rufe lassen darauf schließen, ob sich der Vogel so erschrocken hat, dass er seine Artgenossen jetzt vor eventuellen Gefahren warnen muss, es sich um Stimmungsfühlungs-

> **TIPP**
>
> Das **Schlafen auf einem Bein** ist ein deutliches Zeichen von Wohlbefinden, wohingegen ein **Sträuben des Gefieders** bei gleichzeitigem **Schlafen auf beiden Beinen** ein erstes und sicheres Symptom für Unwohlsein und Krankheit ist. Bedenklich wird es, wenn die kleinen Kobolde mit **geträubtem Gefieder auf beiden Beinen** am Käfigboden hocken, dann gehen Sie zum Tierarzt!

49

laute handelt oder sie der sozialen Kontaktaufnahme und dem Partnerkontakt dienen.

Sitzen die Vögel fest auf der Stange und **schlagen** dabei in schneller Frequenz **mit den Flügeln**, so dient dies der Stärkung der Muskulatur und des natürlichen Bewegungsdranges. Sind die Vögel schon zahm und ausreichend an ihr Umfeld gewöhnt, kann dies ein Zeichen für den Pfleger sein, nun seinen Agaporniden **Freiflug** zu gewähren.

Die kleinen Papageien sind sehr geschickte Flieger. Es werden von Ihnen erstaunliche Flugmanöver vollbracht. Ihnen liegt das Fliegen mehr als das Klettern, ganz im Gegensatz zu den vom Körperbau ähnlichen, aber deutlich größeren Amazonen, die viel lieber klettern. Laufen Agaporniden unruhig im Käfig hin und her, ist das ebenfalls eine Aufforderung zum Flug.

Unzertrennliche besitzen eine ausgeprägte **Körpersprache**. Befindet sich zum Beispiel im Käfig keine Badegelegenheit und für sie ist der Zeitpunkt für ein Vollbad gekommen, dann wird das ausdrucksvoll dem Pfleger deutlich gemacht. Sie versuchen in das Trinkröhrchen zu steigen, befeuchten Ihr Stirngefieder an der Öffnung des Wassergefäßes oder schleudern kleine Wassertropfen, die an der Schnabelspitze hängenbleiben, in Richtung Rückengefieder. Oft wird auch ein **Badebedürfnis** signalisiert durch das Ausbreiten der Flügel über den Fuß oder durch eine leicht vornüber gebeugte Haltung mit hängenden Flügeln in unmittelbarer Nähe des vorhandenen Trinkwassers. Einige Vögel lieben es aber auch, mit lauwarmem Wasser aus einer Blumenspritze vorsichtig besprüht zu werden. Schon beim Anblick der Blumenspritze nehmen sie ebenfalls die typische Badehaltung ein.

Zwingen Sie die Vögel niemals, den Käfig zu verlassen, wenn sie nicht freiwillig auf dieses Angebot reagieren. Auch Vögel, die den Freiflug genießen, werden sich immer in ihren Käfig zurückziehen, wenn sie wieder ungestört sein wollen. Kommen Sie dann auch nicht mit der Hand zu nahe heran, denn in dieser Situation verteidigen Agaporniden ihr Revier. Selbst den vertrauten Personen wird dann gedroht oder sie werden auch schnell einmal gezwickt.

Eine oft aufgestellte Behauptung, dass die Paare zeitlebens eng zusammenhalten und nach dem Tod eines Vogels der Partner vor

■ Familienanschluss ist für Einzelvögel äußerst wichtig.

Kummer stirbt, ist sicherlich übertrieben. Wer diese munteren Vögel einmal im Schwarm hält, wird auch gelegentliche Seitensprünge beobachten können. Auch nach dem Ableben eines Partners wird ein im Schwarm gehaltener Vogel meist schnell neuen Anschluss finden. Schwieriger verhält es sich bei einem einzeln gehaltenem Paar, hier müssen Sie unbedingt für Ersatz sorgen. Oft ist es von untergeordneter Bedeutung, ob der neue Vogel vom anderen Geschlecht ist – die Gesellschaft zählt.

Nach dem Dazusetzen eines neuen Vogels ist am Verhalten der Unzertrennlichen bald zu erkennen, ob der neue Partner akzeptiert wird. Ist dies der Fall, werden bald die ersten Anäherungsversuche statt finden. Das typische **Auffordern zur Gefiederpflege** durch Hinhalten des geneigten Kopfes wird der andere Vogel mit Kraulen beantworten.

Erster Freiflug

Nachdem die Vögel längere Zeit eingewöhnt sind, der Käfig als Sicherheitsrefugium akzeptiert wird und alle Familienmitglieder wahrgenommen werden, kann man den ersten Freiflug versuchen. Schließen Sie Fenster und Türen des Raumes, damit die Vögel nicht die ganze Wohnung erobern, denn dabei können sie leicht die Orientierung verlieren.

Wenn Sie einen Kletterbaum mit vielen verzweigten Ästen oder einen „Spielplatz" für ihre Vögel gebaut haben, stellen Sie diesen möglichst in unmittelbarer Nähe des Käfigs oder der Voliere auf, damit die Tiere bereits eine Anflugmöglichkeit haben. Das sollte allerdings schon einige Tage vor dem ersten Freiflug geschehen, damit der Landeplatz den Agaporniden nicht unbekannt ist. Wenn Sie alles berücksichtigt haben, können Sie die Käfigtür zum ersten Ausflug öffnen. Am besten erleben Sie diesen spannenden Moment aus einiger Entfernung, wo Sie in Ruhe abwarten und beobachten, was nun passiert. Sicherlich gibt es einige Vögel, die ungestüm und dabei auch ein wenig unkontrolliert aus dem Käfig stürmen. Die meisten werden aber eher zurückhaltend mit der neuen Situation umgehen. Da sie natürlich neugierig sind, werden die kleinen Vögel zunächst bis an die Öffnung kommen und nach kurzer Zeit bis auf die waagerecht stehende Türe klettern.

Dass die Käfigtür waagerecht steht ist sehr wichtig, denn die Vögel nutzen die Türklappe sehr häufig auch wieder als Anflugstelle oder Landeplatz. Bei den meisten handelsüblichen Käfigen steht die Tür

▮ Der Aufforderung zum Kraulen kommt der Partner ausgiebig nach.

51

Der erste Freiflug – ein spannender Augenblick.

nach dem Öffnen im rechten Winkel zum Käfig, sollte es bei Ihrem Modell nicht der Fall sein, können Sie durch einen kleinen Trick Abhilfe schaffen. Durch das Befestigen einer Holzwäscheklammer – die Sie regelmäßig auswechseln müssen, weil sie dem Nagebedürfnis der Vögel zum Opfer fallen werden – oder eines kleinen Karabinerhakens, lässt sich die Käfigtür ebenfalls in der gewünschten Position arretieren. Befinden sich die Vögel erst einmal auf der Tür, wird meist sehr schnell der erste Flug unternommen. Dies sieht oft nicht so sicher aus wie man es von den frei fliegenden Vögeln draußen gewöhnt ist. Durch die Einschränkung ihres Flugvermögens in der Eingewöhnungszeit müssen auch Agaporniden ihre Sicherheit und Ausdauer zunächst wieder gewinnen. Oft fliegen sie bei ihrem ersten

52

■ Heftiges Flügel-
schlagen vor dem Abflug
bringt die Muskulatur in
Schwung.

Ausflug bis zur Ermüdung und landen dann auf dem Boden, weil
ihnen die geeigneten Landeplätze noch nicht bekannt oder vertraut
sind. Bitte lassen Sie die Vögel zunächst in Ruhe „Atem" holen, denn
danach werden sie gleich wieder durchstarten. Feste Anflugmöglich-
keiten, die meist sehr hoch liegen, sind schnell entdeckt und erobert.
Dort ruhen sie dann auch zwischendurch einmal aus.

Andere Unzertrennliche wiederum denken überhaupt nicht daran,
ihren Käfig zu verlassen und ignorieren die geöffnete Käfigtür. Lassen Sie sich davon nicht irritieren
und bieten Sie den Vögeln nun regelmäßig die
Möglichkeit zum Freiflug. Selbst die stursten Vertreter können diesem Angebot nicht lange widerste-
hen.

Haben sich die Unzertrennlichen an den Raum
gewöhnt, in dem ihr Käfig steht, können Sie nach
und nach den Vögeln weitere Ausflüge in andere
Zimmer ermöglichen. Verfahren Sie dabei ebenfalls
nach dem Prinzip der langsamen Gewöhnung.

Gelegentlich nutzen die Agaporniden
ihre erste Möglichkeit zum Freiflug
auch nicht aus. Sie kommen zwar bis
auf die geöffnete Tür, klettern dann
aber nur bis auf den Käfig ohne abzu-
fliegen und betrachten ihre Umgebung
zunächst ohne die störenden Gitterstäbe.

In jeder Wohnung gibt es Plätze, an denen die kleinen Papageien
nicht gern gesehen werden. Daher sollten Sie sich vor dem ersten
Freiflug entscheiden, ob Sie die Agaporniden in alle Räume der
Wohnung lassen wollen oder ob von Anfang an einzelne Zimmer für
die Vögel gesperrt sind.

Wenn Sie sich für die gesamte Wohnung entschieden haben, müssen Sie die Unzertrennlichen früh daran gewöhnen, die unerwünsch-
ten Plätze zu meiden. Dies geschieht am einfachsten und sinnvollsten,
wenn Sie die Vögel konsequent von solchen Plätzen fernhalten.

53

■ Abgestorbene Baumstümpfe mit natürlichen Höhlen eignen sich gut als Nistmöglichkeit in der Voliere.

Wählen Sie einen Gegenstand wie etwa eine zusammengerollte Zeitung und zeigen Sie den Unzertrennlichen damit, dass sie auf diesem Platz unerwünscht sind. Wenn Sie das einige Male praktiziert haben, merken sich die Vögel dies und sie treten schnell den Rückzug an.

54

Nach dem ersten Freiflug gehen nicht alle Vögel freiwillig in ihren Käfig oder die Voliere zurück. Haben Sie auch hier etwas Geduld, denn die Unzertrennlichen wissen sehr wohl, wo das Futter zu finden ist und gehen zum Fressen in den Käfig. Passiert dies nicht, muss man einen anderen Weg finden, um sie zurückzubringen. Hier gibt es die tollsten Ratschläge und die unmöglichsten Methoden. Der einfachste und für die Vögel sicherste Weg ist das Einfangen mit einem speziellen Vogelkescher. In unterschiedlichsten Größen und Ausfertigungen können Sie diese Kescher im Fachhandel erwerben. Achten Sie beim Kauf auf eine der Vogelgröße angepasste Form und eine möglichst feinmaschige Bespannung, die ein Festhängen mit Krallen oder Schnabel verhindert. Haben Sie die Vögel mit einem Kescher eingefangen, dazu gehört auch ein wenig Übung von Ihrer Seite, können Sie sie wiederum ohne sie anzufassen aus dem Kescher in den Käfig springen lassen.

Wichtig

Benutzen Sie niemals die Hand, um die Agaporniden dort wegzujagen, denn sie sollen die Hand nur mit der Gabe von Futter, Wasser und Streichel-(Kraul-)einheiten verbinden und keine Angst davor haben.

Wichtig

Lassen Sie die Unzertrennlichen nie in der Wohnung fliegen, wenn niemand zuhause ist. Während des Alleinseins sind sie am besten in ihrem Käfig aufgehoben!

55

Ernährung und Gesundheit

Rechte Seite: Kolbenhirse ist ein hervorragendes Ergänzungsfutter und bietet jede Menge Beschäftigung für die kleinen Papageien.

Das Wohlbefinden und das gesamte Leben dieser kleinen, interessanten Papageien ist von unserer Fürsorge abhängig. Vogelhaltung bedeutet immer auch, eine große Verantwortung für ein lebendes Geschöpf zu übernehmen, denn es ist nicht in der Lage, sich selbst zu versorgen. Doch keine Angst – wenn Sie dazu bereit sind, können Sie die Ansprüche der Unzertrennlichen durchaus erfüllen.

Grundernährung

Allgemein werden Agaporniden den **körnerfressenden Papageien** zugeordnet. Früchte, Beeren, Knospen, Baumrinde, Nüsse, Blätter, verschiedenes Obst, Sämereien, Getreide, Mais, Insekten und deren Larven kommen in ihrem natürlichen Nahrungsspektrum vor.

Bleiben wir aber zunächst einmal bei der Grundnahrung. Sie besteht aus einer **Körnermischung**, die fertig zusammengestellt von mehreren Futtermittellieferanten angeboten wird. Worauf muss beim Kauf von Futter geachtet werden? Zunächst einmal muss die Zusammensetzung auf die Bedürfnisse von Unzertrennlichen abgestimmt sein.

Obst und Mineralien ergänzen den Speiseplan.

56

Halten Sie Ihre Lieblinge in einem Käfig (natürlich mit Freiflug-möglichkeit), so haben diese ganz andere Bedürfnisse als wenn sie in einer großen Voliere gehalten werden, hier eventuell noch im größeren Schwarm. Der Energiebedarf eines Käfigvogels liegt deutlich unter dem eines Volierenvogels. Es ist also besonders darauf zu achten, dass die stark fetthaltigen Saaten wie etwa Sonnenblumenkerne, Hanf, Kardisaat oder Negersaat nur zu einem geringen Teil in der Mischung vorhanden sind. Bei verantwortungsbewussten Futtermittelherstellern ist die Zusammensetzung auf der Packung angegeben. Sollten Sie keine spezielle Mischung für Unzertrennliche finden, können Sie auf eine Mischung für kleine Großsittiche ausweichen. Wählen Sie hier die Mischung ohne Sonnenblumenkerne! Den größten Anteil an der Mischung sollten verschiedene Hirsearten und Glanz (auch Kanariensaat genannt) bilden, weitere, wenig fetthaltige Saaten sind geschälter Hafer, Buchweizen, Dari und Paddyreis.

> ## Wichtig beim Futter
>
> - auf richtige Zusammensetzung achten
> - Frische: Verfallsdatum beachten, Geruch des Futters
> - frei von Schädlingen: gibt es Spuren von Käfern, Motten oder Milben im Futter?
> - frei von Pilzen: sichtbarer Pilzbefall oder schimmliger Geruch?

Ein weiterer wichtiger Punkt beim Einkauf ist das **Verfallsdatum**. Dieses Datum bezieht sich weniger auf die Saatkörner als auf die üblichen Beimischungen, die dem Futter die Wertigkeit eines Alleinfutters geben sollen. Es sind vorzugsweise Vitamine, Spurenelemente und Mineralien. Doch selbst bei so deklariertem Futter sollte man mit dem Begriff Alleinfutter höchst kritisch umgehen. Selbst bei Einhaltung des aufgedruckten Verfallsdatums sollte geprüft werden, ob sich das Futter in einwandfreiem Zustand befindet. Feuchte Lagerung oder starke Sonneneinstrahlung können besonders bei den fetthaltigen Saaten dazu führen, dass sie ranzig werden. Das kann durch eine Riechprobe schnell festgestellt werden. Sind weiße Beläge sichtbar, dann ist das Futter unbrauchbar!

Ein häufiger Fehler bei der Fütterung ist, dass die angebotene **Futtermenge** nicht den wahren Bedürfnissen der Vögel entspricht. Die tägliche Ration für einen Vogel ist ein leicht gehäufter Esslöffel Körnerfutter, etwa 8 g bis 10 g. Sehr vorteilhaft ist es, das Futter nicht in einer Ration zu geben, sondern jeweils am Morgen und am Nachmittag zu füttern. Das hat den Vorteil, dass bei einer geringen Menge auch die Saaten aufgenommen werden, die nicht so beliebt sind. Würde man das Futter unbegrenzt zur Verfügung stellen, sortierten sich unsere Feinschmecker unweigerlich nur die fetthaltigen Saaten heraus. Die Sonnenblumenkerne würden bevorzugt. Voraussetzung dieser Fütterungsmethode ist natürlich, dass man konsequent die Fütterungszeiten einhält. Ein weiterer Nachteil hoch gefüllter Futternäpfe ist, dass die Schalen der Körner nach gewisser Zeit die darunterliegenden Körner verdecken und diese von den Vögeln nicht gefunden werden.

Bei Besetzung des Käfigs oder der Voliere mit nur einem Paar Vögeln sind die meisten handelsüblichen **Futternäpfe** geeignet, wie sie zur Käfiggrundausstattung gehören. Im Zubehör gibt es recht praktische Rundnäpfe aus Edelstahl in verschiedenen Durchmessern. Bei Besetzung der Voliere mit mehreren Paaren sind flache Rundschalen mit größerem Durchmesser besser geeignet. Praktisch und preiswert sind die glasierten Tonuntersetzer für Blumentöpfe. Diese Schalen sollten nicht direkt auf den Boden gestellt werden, ein Untersatz aus einem passenden Rohrabschnitt, ein flacher Stein oder ein größerer umgestülpter Blumentopfuntersetzer bewähren sich hier gut.

Futterautomaten sollten nur eine Notlösung sein, wenn der Pfleger einmal für ein Wochenende nicht zu Hause ist. Hier besteht die Gefahr, dass sich bei weniger gut konstruierten Geräten das Futter staut. Doch auch funktionierende Automaten sind nur eine Notlösung. Die Vögel haben auch hier die Möglichkeit, sich bei ständig nachlaufenden Saaten nur die herauszusuchen, die ihnen besonders zusagen.

Anders als bei der Körnermischung ist es zur **Wassergabe** aber sinnvoll, einen Automaten oder ein Trinkröhrchen zu verwenden. Das soll nun nicht heißen, Wasser erst zu erneuern, wenn das Röhrchen leer ist. Die tägliche Gabe frischen Wassers muss Ihnen zur Gewohnheit werden! Vorteil des Trinkröhrchens ist die geringere Wasserverschmutzung. Es gibt Vögel, die weichen nicht nur die Körner im Wasser ein, sondern tragen alles Verfügbare in und durch die Wasserschale, so zum Beispiel Stöckchen, Rindenstreifen oder Kolbenhirse. Hier ist ein mehrfacher Wasserwechsel am Tag aufgrund der Keimbildung erforderlich. In der Regel wird Leitungswasser von der Qualität ausreichend sein, wo dieses nicht zutrifft, hat sich Mineralwasser ohne Kohlensäure gut bewährt.

Für Liebhaber mit einem etwas größeren Vogelbestand und solche, die sich für die Inhaltstoffe interessieren, zeigen die Tabellen rechts und Seite 60 die Zusammensetzung der Grundmischung und die Nährstoffe der einzelnen Bestandteile.

So können Sie feststellen, welche Körner stark fetthaltig sind und mit Vorsicht in geringer Menge gereicht werden müssen. Auch kleine Papageien sind Nahrungsspezialisten, sorgen Sie also durch Ihre Experimentierfreudigkeit und die Erfahrungen anderer Vogelliebhaber für eine breit gefächerte Palette an Futtermitteln.

■ Wasserschalen bitte immer auf eine Unterlage stellen, nie direkt auf den Käfigboden.

Vorschlag zu einer Grundmischung für Unzertrennliche

Einzelsaat	Gewichtsanteil in %
Kardi	12
Negersaat	5
Hanf	3
geschälter Hafer	8
Buchweizen	5
Dari	5
Paddyreis	5
Silberhirse	12
Japanhirse	5
Senegalhirse	10
Mannahirse	10
Glanz	20

59

Nährstoffgehalt einiger Einzelsaaten (bezogen auf die ganze Sämerei)							
	100 Gramm der Saat enthalten in Gramm bzw. %						
Einzelsaat	Roh-protein	Rohfett	Roh-faser	Stärke + Zucker	Calcium	Phosphor	Natrium
Sonnenblumen gestreift	18	38	25	4	0,22	0,65	0,03
Sonnenblumen weiß	16	30	29	3	0,18	0,48	0,05
Kardi	16	28	31	3	0,30	0,61	0,06
Hanf	23	32	21	10	0,13	1,03	0,02
Negersaat	21	36	19	9	0,37	0,84	0,04
Leinsaat	22	34	8	7	0,25	0,49	0,08
Glanz	20	9	7	55	0,07	0,55	0,05
Hirse (im Mittel)	12	5	8	64	0,03	0,37	0,06
Haferkerne	13	7	2	61	0,07	0,45	0,07
Buchweizen	9	2	4	59	0,02	0,25	0,03
Paddyreis	9	2	9	77	0,04	0,12	0,01
Dari	10	3	7	65	0,03	0,33	0,02

Ergänzungsfuttermittel

Für kleine Papageienarten ist **Kolbenhirse** eine willkommene Bereicherung im Nahrungsangebot. Kolbenhirse ist nicht nahrhafter als die Hirsebestandteile der Futtermischung, doch ein anderer Effekt wirkt sich sehr positiv aus. Durch die Darreichungsform haben die Vögel wesentlich mehr Arbeit damit, die kleinen Körnchen aus dem Kolben herauszulösen. Das entspricht den natürlichen Gegebenheiten, die Vögel sind beschäftigt und der Langeweile wird vorgebeugt. Die gleiche Wirkung hat es, wenn man kurz vor der Erntezeit von einem Spaziergang einige Rispen Hafer mitbringt. Sie sollten natürlich sicher sein, dass sie nicht gerade einige Tage vorher gespritzt wurden. Haben Sie einen eigenen Garten, bauen Sie Hafer, Kolbenhirse und eventuell auch Glanz selbst an.

Ab August, spätestens September, lassen sich in der Natur die **Beeren** der Eberesche (Vogelbeeren), des Feuer- und Sanddorn oder später auch Hagebutten ernten. Sie werden erstaunt sein, mit welcher Freude die Agaporniden sich darüber hermachen. Vogel- und

Wacholderbeeren gibt es übrigens auch in getrockneter Form für die restliche Zeit im gut sortierten Futtermittelhandel oder Zoogeschäft.

Nahezu das ganze Jahr über sind auf Äckern, Brachland und im Garten **Wildkräuter** zu finden. Sie sind ein vitamin- und kalziumreiches Zusatzfutter. Darunter ist besonders die Vogelmiere interessant. Ab April bis in den Herbst hinein können auch zuerst die Blätter, dann die Samenstände vom Löwenzahn geerntet werden. Wenn Sie Ihren Staubsauger nicht überstrapazieren möchten, ist es ratsam, die Samenhaare („Fallschirmchen") vom Samenkopf mit einer Schere abzuschneiden. Zur Reifezeit

TIPP Bereichern Sie den Futtertisch Ihrer Vögel durch selbst gesammelte Kräuter und Früchte.

Leckerbissen sollten an verschiedenen Stellen am Gitter befestigt werden, damit die Vögel auch Abwechslung bei der Futterbeschaffung finden.

der Gräser kann man diese zu kleinen Sträußchen binden und in den Käfig hängen. Sie sehen also, was ein ausgedehnter Spaziergang für Vogelfreunde und seine Pfleglinge alles zu bieten hat. Denken Sie jedoch immer daran, dass alle in der Natur geernteten Futtermittel mit Schadstoffen belastet sein können. Also nicht am Straßenrand oder auf gespritzten Flächen suchen!

Eine der wertvollsten Futterpflanzen ist die **Petersilie**, leider mögen die Vögel sie nicht so gern. Das kann Ihnen allerdings auch mit anderen Pflanzen und Beeren passieren. Geduld ist hier wichtig. Was die Vögel im Jugendalter nicht kennen gelernt haben, werden sie später nur durch ständiges Anbieten annehmen.

Auch zur Winterzeit können Sie den Vögeln viele Sorten **Obst** und **Gemüse** anbieten. Obenan steht der Apfel. Süße Sorten werden von den Vögeln bevorzugt, doch sollte man öfter einmal wechseln. Birnen, Feigen, Banane, Karotten oder Gurke runden die Palette der Leckerbissen ab. Sie sollten es aber je nach Erntezeit auch mit Erdbeeren, Kirschen, Weintrauben und anderen Früchten versuchen. Die Unzertrennlichen suchen sich meist nach individuellem Geschmack ihr Obst aus, sorgen Sie aber für ein ständiges Angebot. Obst und Gemüse muss vor der Verfütterung gründlich gewaschen oder geschält werden!

Eine Methode, die Wertigkeit von Körnerfutter zu steigern, ist das Keimen. Das Futter wird vitaminreicher und leichter verdaulich.

> Achtung! Hanf und Leinsaat gehören nicht ins Keimfutter, sie entwickeln dabei Schleim. Fertige Keimfuttermischungen sind im Handel erhältlich.

Wichtige Voraussetzung bei **Keimfutter** ist eine absolut hygienische Zubereitung, die allerdings bei jedem Futter vorausgesetzt werden sollte. In der warmen Jahreszeit müssen Sie berücksichtigen, dass das Futter nicht zu lange im Käfig verbleiben sollte, ohne gefressen zu werden, im Sommer nur einige Stunden, da sich bei hohen Temperaturen leicht Schimmel bildet. Gekeimte Saaten sollten nur in gut zu reinigenden flachen, runden Schalen gegeben werden, die täglich ausgewaschen werden müssen.

Gekeimte Saaten entsprechen viel mehr dem Nahrungsangebot im natürlichen Lebensraum. Durch den Keimvorgang wird die Stärke im Korn vorwiegend in einfache Zucker umgewandelt, die der Vogelkörper fast vollständig aufnehmen kann. Das heißt also, dass in der Keimfuttermischung etwas mehr fetthaltige Saaten vorhanden sein können.

Keimfutter stellt man am besten mit der **Siebmethode** her, die am sichersten zu kontrollieren ist.

- Die für einen Tag erforderliche Körnermenge wird in ein mehr oder weniger großes Haushaltssieb gegeben und unter fließendem Wasser abgespült.
- Anschließend hängt man das Sieb in eine Schale und füllt so viel Wasser auf, bis alle Saaten gut damit bedeckt sind.
- Die Schale wird an einem temperierten Ort (nicht über 24 °C) aufgestellt und das Wasser innerhalb von 12 Stunden mindestens zwei Mal gewechselt. Eine Wässerung von 24 Stunden oder mehr ist schädlich! Die meisten Saaten haben bereits nach 4 bis 6 Stunden ausreichend Wasser aufgenommen, um den Umwandlungsprozess im Korn zu veranlassen. Bei einer Wässerungszeit von wesentlich mehr als 12 Stunden besteht aufgrund der geringen Sauerstoffzufuhr die Gefahr, dass die Saaten ertrinken.

- Im 12 - Stunden - Rhythmus werden die Körner unter fließendem Wasser abgespült bis sich die ersten Keimspitzen zeigen. Je nach Temperatur und Beschaffenheit der Saaten wird das etwa nach 36 bis 48 Stunden der Fall sein. Ein weiteres Wachstum der Keime verschlechtert die Verdaulichkeit, weil der Rohfasergehalt ansteigt.
- Auf einem Küchentuch werden die gekeimten Saaten gut abgetropft und den Vögeln in einer flachen Schale gereicht.

Nun zu einer weit verbreiteten Praxis bei Liebhabern von Einzelvögeln oder nur einem einzigen Paar. Meist freut man sich, dass der zahme Vogel an den Mahlzeiten seiner Pfleger begeistert teilnimmt. Das mag das gute Verhältnis von Pfleger und Vogel ausdrücken und auch vertiefen, doch wird es in den meisten Fällen früher oder später zu einem Tierarztbesuch führen.

> Gekochte oder gesalzene Speisen, Leckereien oder sogar Bier sind für Ihre Vögel ungesund oder sogar gefährlich!

Gewöhnen Sie Ihren Vogel daran, dass er während Ihrer Mahlzeiten in seinem Käfig bleibt. Das soll nun nicht heißen, dass Ihr Freund kein Leckerchen bekommen soll. Auch darauf hat sich der Handel eingestellt. Probieren Sie es in Maßen mit den speziellen Kräckern oder getrocknetem Obst für Pagageien.

Vitamine und Mineralstoffe

Sofern Sie den Agaporniden eine ausgewogene Grundmischung sowie regelmäßig Obst, Beeren und Grünzeug bieten, wird eine Unterversorgung an Vitaminen kaum auftreten. Es gibt allerdings Zeiten, da steigt der Bedarf an Vitaminen und Mineralstoffen. Das beginnt mit der **Wachstumsphase** des jungen Vogels, setzt sich dann während der Jugendmauser und der jährlich folgenden **Mauser** fort und ist bei der **Zucht** besonders zu beachten. In diesen Phasen hat es durchaus Sinn, spezielle Präparate zu verabreichen. Der Zoofachhandel bietet eine große Auswahl und berät Sie. Wählen Sie möglichst Präparate in Pulverform. Diese haben den Vorteil gegenüber wasserlöslichen, dass sie über Obst, Keimfutter oder andere Futtermittel gestreut und damit von Ihren Vögeln auch aufgenommen werden. Einige wasserlösliche Mittel haben die Eigenschaft, dass sie nach dem Ansatz nur kurze Zeit wirksam sind und da liegt das Problem. Agaporniden nehmen nicht übermäßig viel Wasser zu sich, besonders wenn ausreichend Obst zur Verfügung steht. Einige Vögel verschmähen das Wasser, wenn sich irgendwelche Zusätze darin befinden.

Stellen Sie unabhängig von den oben erwähnten Gaben den Vögeln auch eine gute Mineralienmischung und Grit zur Verfügung.

63

Verzichtes Sie beim Bügeln auf die Hilfe Ihres Unzertrennlichen.

Kalksteine und Sepiaschalen lassen sich gut am Käfiggitter befestigen, körnige Zusätze werden in einem Extranapf gereicht. Doch auch die regelmäßige Gabe von frischen Weidenzweigen (nicht am Straßenrand schneiden, Schadstoffbelastung) bringt den Vögeln nicht nur Beschäftigung, sondern auch wertvolle Stoffe, die unter der Rinde verborgen sind.

Gefahrenquellen im Alltag

Nachdem die Unzertrennlichen sich eingewöhnt haben und ihren ersten Freiflug mehr oder weniger unfallfrei genossen haben, ist es spätestens Zeit, sich noch einmal Gedanken zu machen, welche Gefahren den fliegenden Mitbewohnern in einem normalen Haushalt drohen können.

Ganz oben auf der Gefahrenliste stehen die **offenen Fenster** oder Außentüren. Hier sollten Sie konsequent vor jeder Flugstunde prüfen, ob wirklich alle geschlossen sind. Sie können auch die Fenster mit einem Fliegengitter sichern, das Sie sehr einfach mit Klettband auf dem Rahmen des Fensters befestigen. Dieses schützt nicht nur Ihre Vögel vor dem Entweichen, sondern – als praktischer Nebeneffekt – auch Sie während der Sommermonate vor unliebsamen oder stechenden Eindringlingen von draußen.

Klare Scheiben, die nicht von Gardinen verdeckt sind, werden von Vögeln häufig nicht als solche erkannt, sondern einfach als Öffnung in einen anderen Raum betrachtet. Fliegen die Agaporniden mit normaler Geschwindigkeit dagegen, sind ernste Verletzungen oder ein Genickbruch nicht auszuschließen. Dekorative Fensterbilder, die am besten mittig angebracht werden, schützen die Vögel vor einem solchen gefährlichem Hindernis. Dies gilt übrigens für die freilebenden einheimischen Vögel genauso, das Fensterbild übt in diesem Fall eine doppelte Schutzfunktion aus. Sind vor den Fenstern Gardinen angebracht, erkennen die Unzertrennlichen dies als Begrenzung ihrer Flugfläche, aber Vorsicht – hier steckt die Tücke im Detail. Im Saum der Gardine sind fast immer Bleikugeln eingenäht, von denen die Vögel bei Anknabbern oder Verschlucken eine Bleivergiftung bekommen können. Solche **Bleivergiftungen** sind oft nicht auf den ersten Blick erkennbar – dann ist es aber meist schon zu spät. Achten Sie also genau auf Ihre Vögel, wenn sie sich in oder an der Gardine aufhalten. Drohen Sie Ihnen mit dem bekannten Hilfsmittel, der Zeitungsrolle.

Gleiches gilt, wenn die Vögel plötzlich ihre Liebe zu den weichen Ummantelungen von **Kabeln** entdecken. Achtlos abgestellte Wischeimer oder andere Gefäße mit **Wasser**, auch Aquarien ohne Abdeckung sind Todesfallen für alle Vögel. Denn versuchen die neugierigen Vögel auf dem Rand zu landen und die Landung klappt nicht wie geplant, rutschen sie hinein und ertrinken.

Eine magische Anziehungskraft haben oft auch **offene Schranktüren**. Gern fliegen sie dorthin und verstecken sich in den Fächern des Schrankes. Auch Regale und andere Möbelstücke, die nicht direkt an der Wand stehen, fordern die Agaporniden geradezu auf, den Versuch zu unternehmen, ob sie doch in diese Zwischenräume passen. Dies kann gelegentlich damit enden, dass Sie ungewollt einen Wohnzimmerschrank ab- und wieder aufbauen müssen, weil der Vogel fehlt.

Eine oft verkannte Gefahrenquelle im Haushalt sind **Zimmerpflanzen**. Grundsätzlich sollte man die Unzertrennlichen davon fern halten, egal ob die Pflanzen Giftstoffe bergen oder nicht. Hier sind das Alpenveilchen, Maiglöckchen u. A. zu nennen, aber auch alle Wolfsmilchgewächse wie der Weihnachtsstern sind in einzelnen Bestandteilen für Vögel giftig. Nicht unproblematisch ist auch die bei einem Pflanzenbesuch aufgenommene Blumenerde. Sie kann bei der Herstellung schon behandelt worden sein oder Sie gießen Ihre Blumen gelegentlich mit Flüssigdüngerzusatz, beides verträgt der Vogel nicht. Außerdem kann Erde Pilzerkrankungen der oberen Atemwege hervorrufen, weil sie fast immer Pilzsporen beherbergt.

Zahme Agaporniden werden sehr anhänglich und wollen ihre Bezugspersonen möglichst immer begleiten. Auch bei den täglichen Routinearbeiten in der **Küche** bietet sich einem zahmen Vogel ein weites Betätigungsfeld. Wenn er das Spülbecken für seine persönliche Badewanne hält oder kontrollieren muss, warum es in der Pfanne so schön brodelt oder er meint, der Salat sei ein neues Grünfutter, haben Sie alle Hände voll zu tun, den neugierigen Vogel vor Schaden zu bewahren. Vögel erkennen nicht, dass ausgerechnet die Herdplatte, auf der sie landen wollen, heiß ist und die so schön spiegelnde Unterseite des Bügeleisens wenig dazu geeignet ist, das Gerät aus der Nähe zu betrachten. Verbannen Sie die klebrigen Fliegenfänger aus Ihrer Wohnung und benutzen Sie beim

Gefahrenquellen im Haushalt auf einen Blick

- offene Fenster, Türen, Schubladen, enge Ritzen
- unverhüllte Fensterscheiben
- Bleibänder in Gardinen
- Elektrokabel und Elektrogeräte unter Strom
- offenes Wasser in Spüle und Badewanne
- Herd, heiße Heizkörper
- manche Zimmerpflanzen, Blumenerde, Dünger
- Putz- und Lösungsmittel, Farben, Klebstoffe
- Medikamente und Arzneimittel

TIPP Haben Sie alles beachtet und kontrolliert und wollen sich eine Pause auf der Couch gönnen – Achtung, hinter Ihrem Sofakissen könnte es sich schon einer Ihrer Unzertrennlichen gemütlich gemacht haben!

65

Basteln keine Heißklebepistole oder Sekundenkleber, wenn Vögel in Ihrer Nähe sind. Unterschätzen Sie die Lebhaftigkeit und Neugierde der Agaporniden nicht!

Wichtige Krankheitssymptome

Gesunde Agaporniden haben ein glattes Gefieder, klare Augen und eine saubere Kloake. Alle Bewegungen in ihrer Umwelt werden sie aufmerksam wahrnehmen. Sitzen die Vögel dagegen leicht **aufgeplustert auf der Stange**, so muss man unterscheiden, ob es sich um die schon beschriebene Ruhestellung handelt oder es nicht doch die ersten Anzeichen eines Unwohlseins sind. Ist der Vogel nur in Ruhestellung, so wird er auf Ansprache oder Annähern an den Käfig reagieren und sein normales Verhalten zeigen. Streckt er sich und glättet sein Gefieder nur für einen kurzen Moment, ist dies ein sicheres Zeichen dafür, dass etwas mit dem Vogel nicht in Ordnung ist.

Verstärkt sich dieser Zustand noch, indem der Vogel **aufgeplustert auf dem Käfigboden** sitzt oder sich auf der Stange offensichtlich an einen Gegenstand, wie beispielsweise ein Futtergefäß anlehnen muss, ist es höchste Zeit, zum Tierarzt zu gehen.

Ein weiteres wichtiges Indiz für die Gesundheit des Vogels ist die **Beschaffenheit des Kotes**. Ist der Kot fest und von normaler Konsistenz, grau-bräunlich mit einem weißen Einschluss, deutet dies auf einen normal funktionierenden Stoffwechsel hin. Der weiße Einschluss im Kot ist der Urinanteil, der gleichzeitig in Form fester Harnsäure mit ausgeschieden wird.

Breiige Ausscheidungen, dies kann bei einer verstärkten Obstfütterung gelegentlich auftreten, sind noch kein Anlass zur Besorgnis. Reduzieren Sie die Obstgaben oder stellen Sie diese für einige Tage ein, der Kot wird sich wieder normalisieren. Bei weiblichen Vögeln wird in der Legephase auch sehr weicher und meist erheblich mehr Kot abgesetzt, auch in diesem Fall ist das kein Krankheitssymptom. Befinden sich im Kot allerdings unver-

Unmittelbar nach der Ruhephase werden die Glieder gestreckt und das Gefieder geordnet.

66

daute **Körner**, die nur von einer wässerigen Masse umgeben sind, deutet dies auf eine Magen- oder Darmerkrankung hin, die einen sofortigen Tierarztbesuch erfordert.

Ebenfalls medikamentöse Unterstützung brauchen Agaporniden beim Befall mit **Luftsackmilben**. Diese lassen sich recht leicht feststellen: die Vögel atmen schwer und lassen dabei ein leichtes Pfeifen hören. Die Behandlung ist unproblematisch und dauert nur kurze Zeit.

Früherkennung ist – wie bei anderen Krankheiten auch – sehr wichtig. Dies gilt ebenso für Erkrankungen der oberen Atemwege, die sich etwa am **Ausfluss an den Nasenlöchern** erkennen lassen. Alle Vögel – auch die Unzertrennlichen – haben normalerweise saubere und trockene Nasenlöcher! Bei leichten Anzeichen von Ausfluss sollten Sie zunächst prüfen, ob die Vögel der Zugluft ausgesetzt waren. Ist dies nicht der Fall, konsultieren Sie einen Tierarzt.

Auch **tränende Augen** können von Zugluft verursacht werden, eine Augenverletzung oder eine direkte Augenkrankheit können als Ursachen aber ebenfalls nicht ausgeschlossen werden. Augenkrankheiten können wie Entzündungen an den Füßen, durch unsaubere Sitzstangen hervorgerufen werden. Durch das Reiben des Kopfes an der verunreinigten Stange können sich Bakterien in der Augenregion festsetzten und zu Entzündungen führen.

Da die Füße häufiger Kontakt zu den Sitzgelegenheiten haben als andere Körperteile, ist das Infektionsrisiko an den Füßen höher. Ebenfalls können unbemerkte Verletzungen an den Füßen zu **Entzündungen** und zum **Anschwellen einzelner Zehen** führen. Dies ist auf jeden Fall eine Aufgabe für den Tierarzt.

■ Leichtes Aufplustern, wie hier beim Weibchen zu sehen, zählt noch zur Ruhephase und ist kein Krankheitssymptom.

Jeder kennt die normalen Anzeichen (erschwerte Atmung mit geöffneten Schnabel, Hecheln, Husten u. A.) einer starken Erkältung oder einer **Lungenentzündung**.

Sollten Sie diese Symptome in Verbindung mit einem schlechten Allgemeinzustand Ihres Vogels feststellen, müssen Sie sofort zum Tierarzt. Nehmen Sie bitte eine möglichst frische Kotprobe mit, denn

67

hierbei könnte es sich um die so genannte **Papageienkrankheit** (Psittakose) handeln. Diese Erkrankung ist meldepflichtig, denn sie kann auf den Menschen übertragen werden!

Kratzen sich die Agaporniden ungewöhnlich häufig und intensiv, nicht zu verwechseln mit der normalen Gefiederpflege, sollten Sie prüfen, ob die Vögel von Vogelmilben befallen sind oder eine **Pilzerkrankung** der Haut vorliegt. Ein normaler **Milbenbefall** kann mit handelsüblichen Sprays recht schnell beseitigt werden, die Pilzerkrankung muss von einem Tierarzt behandelt werden. **Gehirnerschütterungen** können auch bei Vögeln auftreten. Ist Ihr kleiner Papagei mit Wucht gegen eine Fensterscheibe oder ein Möbelstück geflogen, kann es zu dieser Verletzung kommen. Die Symptome setzen ähnlich wie beim Menschen oft erst zeitverzögert ein. Dann kann sich der Vogel nicht mehr im Gleichgewicht auf der Stange halten, schlägt hilflos mit den Flügeln oder

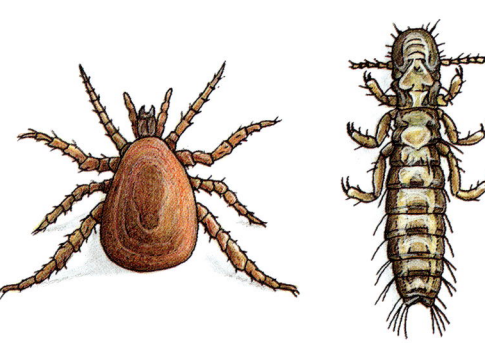

Milbe (links) und Federling (rechts) gehören zu den äußeren Parasiten, die Unzertrennliche befallen können.

läuft im Kreis. Auch hier ist ein Tierarztbesuch ratsam.

Haben Sie sich für eine Hobbyzucht entschieden oder halten Sie ein Pärchen, denen Sie eine Nistgelegenheit bieten, kann es im Verlauf einer Zucht bei den weiblichen Tieren zur **Legenot** kommen. Dabei presst das Weibchen mit großer Anstrengung, ohne das im Legedarm befindliche Ei absetzten zu können. Dieser Zustand schwächt die Tiere enorm und birgt das Risiko innerer Verletzungen. Ein geübter Züchter oder der Tierarzt können in den meisten Fällen das Ei „holen", wie man so sagt. Der Zustand des Weibchens bessert sich sehr schnell, wenn man die Legenot rechtzeitig erkennt und dem Vogel hilft.

Wichtig ist in jedem Fall, seine Vögel genau zu beobachten. Je eher eine Behandlung beginnen kann, um so größer sind die Erfolgsaussichten. Leider werden zu oft erkrankte Vögel immer erst dann auffällig, wenn sie schon in einem lebensbedrohlichen Zustand sind. Dieses Verhalten bietet ihnen in der freien Natur den besten Schutz vor Feinden, macht es aber dem Halter schwerer, Krankheitssymptome rechtzeitig zu erkennen.

In nahezu allen Fällen ist es erforderlich, den erkrankten Vogel aus der Paar- oder Gruppenhaltung zu separieren. Vorteilhaft wirkt es sich aus, wenn man hierfür einen speziellen Krankenkäfig verwendet, der mit Heizmöglichkeiten ausgestattet ist. Doch auch ein bis auf eine Seite verkleideter Käfig und ein Dunkelstrahler leisten gute Hilfe.

Äußerst wichtig ist, dass Sie bei einer nicht sofort zu bestimmenden Krankheit schnellstens den Tierarzt aufsuchen, zu langes Zögern wird Ihr Vogel in vielen Fällen mit dem Leben bezahlen.

Krankheiten

Anzeichen	mögliche Ursache	Behandlung
Breiiger, flüssiger Kot	**Fütterungsbedingt:** zu viel Obst oder Grünfutter, Süßigkeiten. **Vergiftungen:** mit Spritzmitteln behandeltes Grünfutter oder Zweige, Bleikugeln der Gardine	Kein Obst und Grünzeug füttern, Wasser durch Kamillentee ersetzen, Keim- oder Quellfutter reichen, Zwieback. Falls am nächsten Tag keine Besserung eintritt, liegen ernsthaftere Ursachen vor (evtl. Parasiten), Tierarzt aufsuchen, Kotprobe mitnehmen
Unverdaute Körner im Kot	Eventuell neurogene Drüsenmagendilatation	Vogel zur Röntgenuntersuchung bringen
Erbrechen	Oft Fütterungsfehler, auch Pilz- oder Parasitenbefall oder Vergiftung	Bei Warmhaltung verdünnten Kamillentee verabreichen. Tritt keine Besserung ein, Tierarzt aufsuchen, Erbrochenes mitnehmen
Ausfluss aus den Nasenlöchern	Reizung durch Staub oder Rauch, in schlimmeren Fällen Viren- oder Bakterieninfektion	Nasenlöcher mit Wattestäbchen und Kamillentee reinigen, evtl. in verdünnter Form einträufeln. Tierarzt aufsuchen, da Gefahr auf Aspergillose oder sogar Psittakose besteht!
Tränende Augen	Bindehautentzündung, Augenverletzung	Bei verklebten Augen Reinigung mit Tupfer und verdünntem Kamillentee, bei Verletzungen sofort Tierarzt aufsuchen
Erschwerte Atmung bei geöffnetem Schnabel, starke Atemgeräusche	Schimmelpilzinfektion (Aspergillose)	Für Frischluft und absolut sauberes Futter sorgen, bei Aspergillose Verabreichung von durch den Tierarzt verschriebenem Antimykotika

Krankheiten (Fortsetzung)

Anzeichen	mögliche Ursache	Behandlung
Pfeifende Atemge- räusche mit Kopf- schleudern und Würgebewegungen	Luftsackmilben	Tierarzt aufsuchen, er verschreibt ein Medikament, das auf die Nackenhaut aufgetropft werden kann und nach einigen Tagen Heilung bringt
Hecheln bei hängen- den Flügeln, Taumeln.	Bei längerem Aufenthalt in praller Sonne Hitzschlag möglich	Vogel bei Zimmertemperatur mit nicht zu kaltem Wasser absprühen, Trinkwasser einträufeln
Blutungen, offene Wunden	Bissverletzungen	Blutung mit Eisenchlorid-Watte oder -lösung stillen, evtl. Druckverband anlegen
Angeschwollene Zehen/Füße	Entzündungen, Fremdkörper, eingewachsener Fußring	Fremdkörper entfernen, mit entzün- dungshemmender Salbe behandeln. Offene Ringe lassen sich aufbiegen, geschlossene Ringe müssen mit spe- ziellen Zangen aufgetrennt werden
Gebrochene Extremitäten	Unfall im Haushalt oder Verletzung z. B. an den Git- terstäben des Käfigs	Durch den Tierarzt fixieren lassen
Ungewöhnlich intensive Gefieder- pflege in Verbindung mit häufigem Kratzen	Ausgetrocknete Haut, Milbenbefall, Pilzerkrankungen	Trockene Haut mit lauwarmer Flüs- sigkeit besprühen. Gegen Milbenbe- fall werden verschiedene Sprays bereitgehalten. Bei Pilzerkrankungen Abstrich durch den Tierarzt, er ver- schreibt Medikament
Starke Abmagerung	Vielfältige Ursachen, u.U. Wurmbefall	Tierarzt konsultieren, bei Wurmbefall wird er ein entsprechendes Mittel zur Behandlung verordnen

71

Vorsicht bei Zimmerpflanzen, manche können giftig für die Vögel sein.

Für Notfallsituationen bereit halten:

- Adresse und Telefonnummer eines Fachtierarztes, einer Kleintierklinik
- Fangkescher
- Krankenbox
- Infrarotstrahler, Dunkelstrahler
- Blutstiller (Eisenchlorid-Watte, 3%ige Eisenchloridlösung)
- Jodtinktur
- Wattestäbchen, Tupfer
- Schere, Seitenschneider
- Multivitaminpräparat
- Kamillentee, Fencheltee
- Traubenzucker

Weitere zweckmäßige Gegenstände oder Mittel werden sich in Ihrer Hausapotheke befinden.

Gang zum Tierarzt

Bereits vor oder unmittelbar nach der Anschaffung eines Vogels sollte man sich für den Notfall die Anschrift eines Tierarztes besorgen, der sich mit Vogelkrankheiten auskennt. Hierbei können Zuchtverbände oder einschlägige Fachzeitschriften helfen, die oft Listen mit erfahrenen Tierärzten zusammengestellt haben. Einigen Universitäten sind tiermedizinische Abteilungen oder Institute angeschlossen, die meistens auch über Notfallambulanzen verfügen.

Befindet sich in der Nähe Ihres Wohnortes eine Universität, können Sie dort direkt nachfragen, ob eine veterinärmedizinische Fakultät existiert und dort Vögel behandelt werden. Ihre Vögel müssen nicht erkranken, aber wenn Sie Anschrift und Telefonnummer eines entsprechenden Tiermediziners parat haben, sparen Sie im Krankheitsfall wertvolle Zeit. Kündigen Sie Ihren Agaporniden als Notfallpatienten vorher telefonisch an, auch um sicher zu sein, dass der Tierarzt in diesem Moment Dienst hat.

Transportieren Sie Ihren Vogel niemals in seinem Käfig zum Tierarzt. Verwenden Sie die beschriebenen Transportkisten, wobei hier gilt: je weniger der Vogel sich bewegen kann oder beim Transport hin und her rutscht, desto besser ist es jetzt für ihn. Polstern Sie den Transportbehälter gegebenenfalls mit Handtüchern aus und schützen den Vogel vor Kälte oder Zugluft. Eine nur einseitig offene Transportkiste schützt den Unzertrennlichen auch vor Stress beim Anblick anderer Tiere im Wartezimmer und minimiert die Ansteckungsgefahr dort.

Nehmen Sie eine frische Kotprobe mit, sie kann dem Tierarzt wichtige Aufschlüsse über Art und Ursache der Erkrankung geben. Gleiches gilt, falls sich Ihr Vogel erbrochen hat. Bei Augenkrankheiten nimmt der Tierarzt gern auch die Sitzstange in Augenschein, nehmen Sie sie also mit.

Nicht immer muss der Besuch beim Tierarzt mit einer Notfallsituation oder Krankheit des Vogels verbunden sein. Übermäßiges Krallenwachstum oder eine Deformation des Schnabels machen eine Behandlung notwendig. Diese Korrekturen können auch von erfahrenen Fachhändlern oder Züchtern vorgenommen werden. Für den Transport gilt auch das oben Gesagte.

Auf dem Weg zum Tierarzt oder bei Wartezeit in der Praxis ist es sinnvoll, sich einige **Stichworte zum Krankheitsverlauf** zu machen, denn der Arzt wird Sie sicherlich Einiges fragen, wie etwa:

- Art der Symptome,
- Entwicklung der Symptome,
- sind andere Vögel betroffen,
- Alter des Vogels,
- Fütterung,
- Vorbehandlungen,
- Kontakt mit Wasch- und Putzmitteln u. Ä.

73

Krallen- und Schnabelpflege

Die Krallen und der Schnabel der Unzertrennlichen sind wie bei allen Vögeln aus Horn, vom Aufbau und der Struktur her mit den menschlichen Fingernägeln zu vergleichen. Genau wie diese brauchen auch die Hornteile der Vögel einer gewissen Pflege. Bei artgerechter Haltung reguliert sich das Wachstum von Krallen und Schnabel durch natürliche Abnutzung selbst. Bieten Sie ihren Unzertrennlichen aber zu dünne oder nur gleichstarke Sitzstangen, können die Krallen sich nicht abnutzen und wachsen übermäßig bis hin zur Verkrümmung. In solchen Fällen muss regulierend eingegriffen werden. Eine spezielle Krallenschere aus dem Fachhandel ist dazu notwendig. Diese Schere hat schräg angeschliffene und mit einer Ausbuchtung versehene Schneidflächen. Krallen dürfen niemals gerade, sie müssen stets schräg angeschnitten werden. Die speziellen Krallenscheren sind durch ihre Form auf diese Schnittechnik ausgelegt.

Wichtig
Schneiden Sie ihren Unzertrennlichen die Krallen niemals mit einer Haushaltsschere oder einem Nagelknipser!

Lassen Sie beim Kürzen der Krallen äusserste Vorsicht walten, denn eine Ader reicht bis in die Kralle und diese sollten Sie keinesfalls verletzten. Sind Sie mit der Handhabung der Krallenschere nicht sicher, vertrauen Sie ihre Agaporniden lieber dem Tierarzt an.

Auch der Schnabel kann übermäßig wachsen. Dies geschieht meistens, wenn den Unzertrennlichen nicht genug frische Äste oder andere Gegenstände zum Benagen zur Verfügung stehen. Sehr hilfreich zur Schnabelpflege sind auch die so genannten Mineralsteine, die eigentlich zur Versorgung mit Mineralstoffen dienen sollten, durch ihre feste Konsistenz die Schnäbel der Unzertrennlichen aber stark fordern. Ein übermäßig stark gewachsener Ober- oder Unterschnabel kann mit einer guten Nagelfeile wieder in Form gebracht werden. Stärker deformierte Schnäbel müssen zunächst mit einer Nagelschere vorsichtig beschnitten und dann mit einer Nagelfeile nachbehandelt werden. Auch hier gilt, suchen Sie lieber einen Tierarzt oder einen versierten Züchter auf, wenn Sie unsicher bei der Korrektur des Schnabels sind.

Die **Mauser** ist ein natürlicher Vorgang im Jahresrhytmus aller Vögel. Während der Mauser wechseln die Unzertrennlichen - genau wie alle anderen Vögel auch - ihr komplettes Gefieder. Dies geschieht nach und nach und erstreckt sich über mehrere Wochen. Durch ständige Zugluft oder die Unterbringung in unmittelbarer Nähe einer Heizung, können Vögel in die sogenannte **Stockmauser** kommen. Dies ist eine Art Dauermauser, die für alle Vögel stark belastend ist und sogar gefährlich werden kann.

74

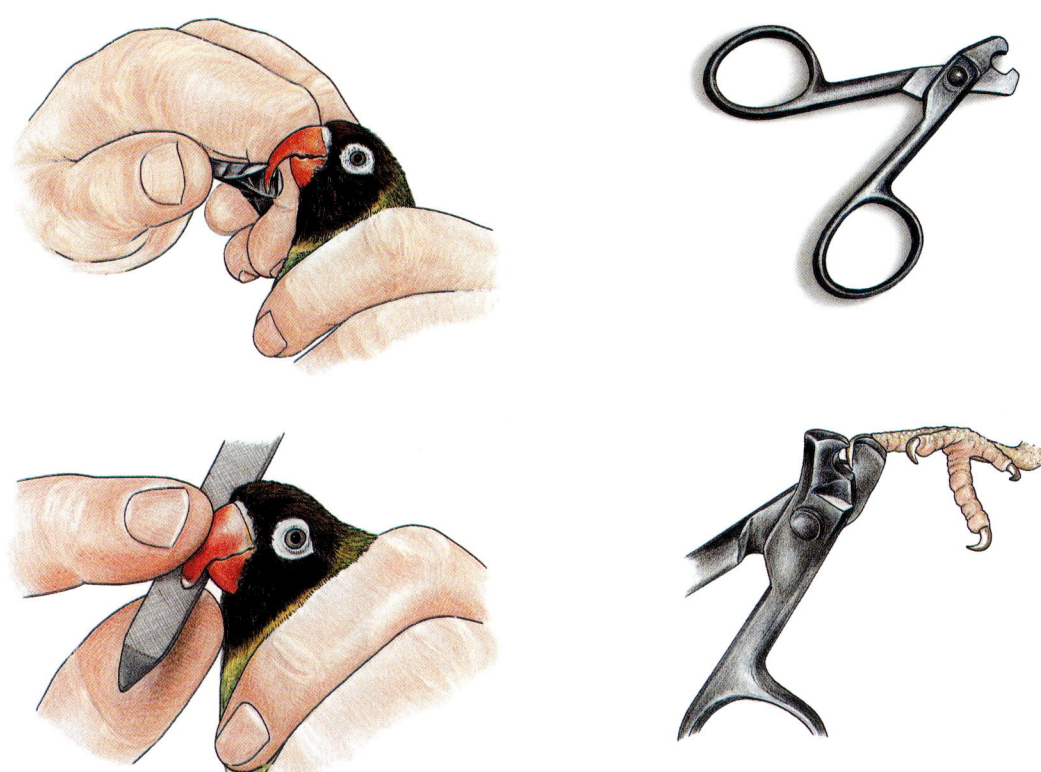

Schnabel und Krallen sollten nur von Geübten oder dem Tierarzt mit den geeigneten Hilfsmitteln korrigiert werden:
Links:
Ein zu langer Oberschnabel wird mit der Zange gekürzt (oben) und glatt gefeilt (unten).
Rechts:
Mit einer speziellen Krallenschere wird die Kralle geschnitten. Dabei muss man darauf achten, dass die Blutgefäße im Inneren der Kralle nicht verletzt werden.

75

Liebhaberzucht

Rechte Seite: Erdbeerköpfchen werden im Vergleich zu anderen Agapornidenarten relativ wenig nachgezogen.

Wenn Sie sich ein Paar Agaporniden angeschafft und einige Zeit gepflegt haben, haben Sie vielleicht den Wunsch, einmal mitzuerleben wie sich die Vogelfamilie vergrößert.

Voraussetzungen

Bevor Sie diesen Gedanken ernsthaft weiter verfolgen, sollten Sie sich über die Konsequenzen klar werden. Denn es gehören folgende Voraussetzungen dazu:

PLATZ
- Prüfen Sie, ob Sie in der Lage sind, mehrere große Käfige oder Volieren bereitzuhalten, denn nach einer gewissen Zeit bei den Eltern muss der Nachwuchs ausquartiert werden. Auch überlegen, ob ausreichende Chancen zur Abgabe der Jungen bestehen.

BEHÖRDLICHE ÜBERPRÜFUNG
- Schritt zwei ist eine bürokratische Hürde. Um eine Zucht von papageienartigen Vögeln zu betreiben, brauchen Sie eine **behördliche Genehmigung**. Ihr Weg führt Sie also zum zuständigen Veterinäramt, bei dem Sie die Genehmigung beantragen müssen. Der Verlauf dieses Verfahrens ist nicht unbedingt einheitlich. In der Regel müssen Sie eine kleine Prüfung (Sachkundenachweis) ablegen, bei der Ihr Grundwissen über die zu züchtenden Arten, deren Ansprüche an Unterbringung und Ernährung und typische Krankheiten geprüft werden. Ob dieses in schriftlicher Form oder im persönlichen Gespräch durchgeführt wird, entscheidet der Amtstierarzt. Vor Erteilung der Genehmigung sieht er sich auch Ihren Zuchtraum an und wird Ihnen, falls erforderlich, gewisse Auflagen erteilen. Die Führung eines Zuchtbuches ist zwingend.

ZEIT
- Über noch einen Punkt sollten Sie nachdenken, bevor die Zucht beginnt. Sind Sie zeitlich in der Lage, den erhöhten Arbeitsaufwand zu bewältigen? Gerade während der Zuchtzeit benötigen unsere Unzertrennlichen besondere Zuwendung. Das beginnt mit einer umfangreicheren Speisekarte über einen größeren Zeitaufwand für Pflege, Reinigung und Futterbereitung bis hin zur regelmäßigen Kontrolle des Zuchtablaufes – denn nicht immer verläuft alles planmäßig.

GELD
- Rechnen Sie auch mit höheren Kasten für die Vögel während Sie züchten.

76

Paarzusammenstellung

Wenn Sie alle Voraussetzungen erfüllen, prüfen Sie nochmals, ob Ihr vorhandenes Paar gesund, kräftig und nicht zu jung ist. Obwohl Unzertrennliche je nach Art, oft schon im Alter von einem halben Jahr geschlechtsreif sind, sollte man ihnen die Strapazen der Brut und Jungenaufzucht im ersten Lebensjahr ersparen.

Voraussetzung einer erfolgreichen Zucht ist, dass die Partner harmonieren. Sollte das bei Ihren beiden Unzertrennlichen nicht der Fall sein, hat es wenig Sinn, auf das Glück zu hoffen. Eine neue Paarzusammenstellung wird sich dann nicht umgehen lassen. Versuchen Sie, bei einem Züchter zwei Vögel zu erwerben, die sich bereits in der Jungvogel-Voliere angefreundet haben. Manchmal haben Züchter auch ein erprobtes Paar abzugeben, fast alle Züchter leiden unter Platzmangel.

Sollte beides nicht klappen, bleibt Ihnen noch ein etwas steinigerer Weg. Erwerben Sie mehrere Vögel (nicht verwandt; von der gleichen Art) und setzen diese in eine möglichst geräumige Voliere gleichzeitig ein. Jetzt heißt es beobachten. Sie werden schnell merken, wo sich Freundschaften (oder mehr) bilden. Sollte es sich um weniger verträgliche Arten handeln, müssen Sie die Paare nun separieren. Bei Pfirsich- oder Rußköpfchen können Sie es ruhig mit einer Koloniebrut versuchen. Die schlechteste Lösung der Paarzusammenstellung ist die Zwangsverpaarung, doch manchmal lässt sie sich nicht umgehen.

Zuchtverlauf

Da in den wenigsten Wohnungen (oder Zuchträumen) hohle Bäume stehen oder Webernester hängen, müssen wir Ersatz für die natürliche Brutkammer schaffen. Im Handel gibt es verschiedene Konstruktionen von **Nistkästen** zu kaufen. Für unsere Unzertrennlichen kommen vorwiegend Kästen im Querformat in Frage. Achten Sie bitte darauf, dass diese nicht aus Spanplatten oder nicht atmungsaktiven Kunststoffplatten bestehen! Am besten haben sich solche aus Naturholzbrettern bewährt. Die Vögel haben in diesen Kästen die Möglichkeit, ihr zur Brutzeit erhöhtes Nagebedürfnis abzureagieren. In Volieren bieten sich oft schon aus optischen Gründen für Vogel und Pfleger Naturstämme an, die ebenfalls fertig im Handel zu erhalten sind.

Nachdem Sie sich den entsprechenden Nistkasten besorgt haben, stellt sich die Frage: Wo hängt man ihn am besten auf? In einer Voliere ist ausreichend Platz. Bedenken Sie, dass das Nest vor Regen und praller Sonne geschützt sein soll, eine Unterbringung unter einem Schutzdach oder im anschließenden Innenraum ist deshalb zweckmäßig. Nicht nur Ihr junges Vogelpärchen sollte ungehinderten Zugang zum Nistkasten haben, auch Sie müssen ohne große Verrenkungen eine Kontrolle durchführen können. Eine Zucht im allseits offenen Käfig ist wenig angebracht, weil die Vögel sich nicht geborgen genug fühlen. Viel besser ist eine Zimmervoliere, die dreiseitig geschlossene Wände hat und nur an der Vorderseite mit einem Drahtgitter versehen ist. Wo es baulich möglich ist, sollte man den Nistkasten an solchen Volieren von außen anbringen. Das hat den großen Vorteil, dass er im Inneren keinen Platz wegnimmt und Sie eine **Nestkontrolle** durchführen können, ohne die Eltern besonders zu beunruhigen.

Gehen wir einmal davon aus, dass Sie Ihre ersten Zuchtversuche mit Rosen-, Pfirsich- oder Schwarzköpfchen unternehmen werden. Diese Arten tragen reichlich **Nistmaterial** in den Kasten ein, um es zu einem mehr oder weniger aufwendigen Nest zu verbauen. Besorgen Sie also vorher auf einem Spaziergang frische Weidenzweige, denn dies ist das brauchbarste Nestbaumaterial für Ihre Vögel. Bringen Sie immer nur so viele Zweige in die Voliere, wie Ihre Nestbauer verarbeiten. Der Überschuss lässt sich in einem Eimer Wasser über einen längeren Zeitraum frisch halten.

Gleichberechtigung wird bei den Unzertrennlichen nicht besonders groß geschrieben. Hausbau ist Frauensache! Nur selten beteiligen sich

■ Diese Nistkastentypen sind besonders geeignet für Unzertrennliche.

Frisch geschlüpfte Küken im Alter von ein bis drei Tagen.

die Männchen aktiv beim Eintragen des Nistmaterials oder dem Einbau im Kasten. Dafür versuchen sie zumindest, ihre Angebetete zu umwerben und zu verwöhnen. Obwohl das **Partnerfüttern** ganzjährig vorkommen kann, ist es jetzt verstärkt zu beobachten. Das Männchen würgt unter starkem Kopfnicken Futter aus dem Kropf hoch und übergibt dieses seiner Ausgewählten. Meistens erfolgt darauf die Kopulation, die mehrmals täglich wiederholt wird. In den Ruhephasen sitzen die Partner eng aneinander gekuschelt und kraulen sich gegenseitig das Gefieder, besonders am Kopf und Nacken.

Erschrecken Sie nicht, wenn Sie nun beim Käfigreinigen feststellen, dass größere, recht flüssige Kothaufen auf dem Boden liegen. Während dieser Phase ist das kein Krankheitsanzeichen, sondern die Ankündigung einer baldigen **Eiablage**. Wenn Sie sich das Weibchen anschauen, ist der stark verdickte Unterleib ein weiteres Anzeichen dafür. Zu diesem Zeitpunkt wird es sich auch tagsüber vorwiegend im Nest aufhalten. Vorteil des von außen angebrachten Nistkastens ist nun, dass Sie eine schnelle Kontrolle durchführen können, wenn das Weibchen zur Nahrungsaufnahme den Nistkasten verlässt. Oft ist am aufgeregten Verhalten des Männchens festzustellen, dass das erste Ei abgelegt worden ist. Im Abstand von zwei Tagen wird das Gelege erweitert, es umfasst je nach Art und Alter der Vögel drei bis sechs Eier, die wie alle Papageieneier weiß sind. Das Weibchen werden Sie jetzt nur noch zu sehen bekommen, wenn es wenige Male am Tag zum Kot absetzen in die Voliere fliegt. Das Brutgeschäft erledigt das Weibchen allein. Das Männchen versorgt in dieser Zeit das Weibchen vorbildlich mit Futter, ohne dass dieses das Nest verlassen muss.

Die **Brutzeit** ist artabhängig (siehe Artbeschreibungen) und liegt zwischen 20 und 28 Tagen. Auch jetzt wird sich am Verhalten des Männchens erkennen lassen, wann der erste Schlupf erfolgt ist.

Frisch geschlüpfte Küken tragen ein mehr oder weniger dichtes, weißliches bis orangefarbenes Dunenkleid (je nach Art). Der überdimensionale Kopf mit dem hakenartig wirkenden Schnabel und den dunklen noch geschlossenen Augen lässt nicht erahnen, welch ein

> **TIPP**
> Verkneifen Sie sich die schnelle Kontrolle während das Weibchen brütet und nehmen Sie diese erst vor, wenn das Weibchen den Kasten verlassen hat.

hübscher Vogel einmal daraus werden wird. Schon nach wenigen Stunden füttert das Weibchen zum ersten Mal das Küken. Der im Kropf vorverdaute Futterbrei (eher Schleim) zeichnet sich dann deutlich, wenn auch nur punktförmig im Kropfbereich des Kükens ab. Schon am nächsten Tag ist der kleine Kropf bei guter Versorgung prall gefüllt und ein weiteres Küken wird geschlüpft sein.

Aufgrund der nicht ab dem ersten Ei begonnenen festen Brut erfolgt der **Schlupf** der ersten beiden Jungen (oft auch noch des dritten) im Abstand von jeweils nur einem Tag. Sie werden erstaunt sein, wie schnell die kleinen Vögel heranwachsen. Bei den „frühreifen" Arten ersetzt nach etwa dem 8. bis 10. Tag ein graues **Dunenkleid**, die **Erstlingsdunen**.

Einige Tage später ist zu beobachten, dass sich die Augen leicht schlitzförmig zu öffnen beginnen. Spätestens jetzt sollte die **Beringung** mit einem geschlossenen Ring vorgenommen werden. Dieser beweist eindeutig, dass es sich bei dem Vogel um einen in Menschenobhut nachgezogenen Unzertrennlichen handelt. Die Ringe sind nach Vorlage der gültigen Zuchtgenehmigung bei den Züchterverbänden zu beziehen, sofern man dort Mitglied ist. Die größeren Arten wie Rosenköpfchen, Tarantapapagei, Pfirsich- und Schwarzköpfchen erhalten einen Ring mit dem Innendurchmesser von 4,5 mm, die anderen Arten kommen mit 4,0 mm aus.

Sofern Sie eine Zuchtgenehmigung besitzen, aber nicht Mitglied in einem Zuchtverband sind, können Sie offene Ringe beim Zentralverband beziehen. Diese können auch einem ausgewachsenen Vogel angelegt werden. Mit einer speziellen Ringzange werden die offenen Ringe nach dem Anlegen durch Zusammmendrücken geschlossen.

Frühestens jetzt beginnt auch das Männchen, seinen Nachwuchs zu füttern. Im Alter von 12 bis 16 Tagen schieben sich dann bei den Jungvögeln die ersten Federchen aus den Kielen. Doch es dauert noch einige Tage, bis die Nacktheit komplett gewichen ist. Im Alter von etwa 30 Tagen sind die Jungen dann nahezu vollständig befiedert und schon etwa fünf Tage später verlassen junge Rosen-, Pfirsich-, Schwarz- und Rußköpfchen das Nest. Die anderen Arten brauchen etwas länger, am meisten Zeit zum Flügge werden brauchen die Tarantapapageien. Sie erkunden die Voliere erst im Alter von etwa sieben Wochen.

Ringzange zum Anlegen und Zudrücken offener Ringe.

Obwohl die halbwüchsigen Vögel sich schon am Futter zu schaffen machen, sind sie noch nicht in der Lage, sich selbst zu versorgen. Mindestens zwei bis drei Wochen haben die Eltern noch alle Schnäbel voll zu tun, ihre laut bettelnden Jungen zu versorgen. Das Männchen übernimmt zu diesem Zeitpunkt die Hauptarbeit. Bei einigen Arten kann es sein, dass das

81

■ Geschlossene Beringung: Drei Zehen werden nach vorn gelegt und durch den Ring geführt, der vierte (innere) Zeh liegt nach hinten und wird zuletzt vorsichtig durch den Ring gezogen

Weibchen mit dem Ausbessern des Nestes bereits wieder fertig ist und das nächste Gelege beginnt. Kritisch wird es, wenn die Jungen noch nicht futterfest sind und in der elterlichen Voliere verbleiben müssen. Da sie zum Schlafen in das Nest zurückkehren, kann es dann sehr schnell zur Beschädigung des Geleges kommen. Man sollte die Kleinen also heraus nehmen, wenn man sicher ist, dass auch das zuletzt Geschlüpfte sich selbst ernähren kann.

Beim Tarantapapagei geht es in den meisten Fällen gut, die Jungvögel bei den Eltern zu belassen, bis ihr Gefieder beginnt, sich umzufärben, weil diese meist wenig Anstalten machen, nochmals zu brüten.

> **TIPP**
> Nach der zweiten Brut gilt es, den richtigen Zeitpunkt abzupassen um den Vögeln den Zugang zum Nistkasten zu versperren. Eine weitere Brut geht auf Kosten der Vitalität der Eltern und auch der dann schlüpfenden Vögel.

Eingangs wurde schon auf den **erhöhten Futteraufwand** während der Brut hingewiesen. Bereits während der Brutvorbereitung erhöhen Sie den Eiweißgehaltes des Futters. In der freien Natur bevorzugen Agaporniden dann Larven oder sonstige tierische Nahrung. Es ist nicht jedermanns Sache, mit Mehlwürmern umzugehen, die ein akzeptabler Ersatz wären. Sie finden aber bei den Futtermittelproduzenten verschiedene Proteinmischungen und fertiges Aufzuchtfutter. Als Zusatzfutter kann auch eine Mischung für Insektenfresser verwendet werden, die mit körnigem Hüttenkäse angefeuchtet wird. Wahrscheinlich kommen Sie nicht darum herum, zu probieren, was Ihre Vögel annehmen. Nach dem Ausfliegen der Jungen ist es sehr wichtig, dass extrem reichhaltig gefüttert wird. Man sollte nun auch Futtermittel bieten, die die Eltern bisher verschmäht haben. Bei der zunächst noch verspielten Futteraufnahme der Jungen und ihrem Drang, alles Neue zu probieren, legen Sie damit den Grundstein dafür, dass die neue Vogelgeneration vielseitiges und abwechslungsreiches Futter akzeptiert.

Es wäre schön, wenn alles immer so glatt liefe wie beschrieben. **Komplikationen** verschiedener Art können sich jederzeit einstellen.

Junge Paare wissen oft mit dem Erst- oder auch noch Zweitgeschlüpften wenig anzufangen. Obwohl es sehr bedauerlich ist, wenn diese Küken nicht überleben, sollte man den Eltern doch die Möglichkeit geben, zu lernen. Allerdings gibt es hin und wieder auch einmal ein Weibchen, das diesen Lernprozess nicht meistert. Bei Züchtern mit einem größeren Bestand ist es dann oft möglich, die vernachlässigten Jungen einem anderen Paar unterzumogeln. Doch was tun, wenn diese Möglichkeit nicht besteht? Wer sehr viel Zeit hat und wenig Schlaf benötigt, kann es mit einer **Handaufzucht** versuchen. In den ersten Tagen muss etwa alle zwei Stunden gefüttert werden, nachts kann eventuell auf drei Stunden verlängert werden. Spezielles Aufzuchtfutter und auch die benötigten Geräte wie Pipette, Kropfsonde oder Futterlöffel sind im Fachhandel zu bekommen. Aber lassen Sie sich von einem erfahrenen Züchter genau zeigen, wie Sie damit umgehen müssen!

Ein weiteres Problem, das nicht so selten auftritt, ist das **Federrupfen** der Eltern bei ihren Jungen. Worauf diese Unart zurückzuführen ist, konnte bisher nicht geklärt werden. Meistens beschränken sich die Eltern darauf, Dunen und später das Kleingefieder zu zerstören. In diesen Fällen ist kurze Zeit nach dem Ausfliegen der Jungen wieder

■ Dieses junge Rußköpfchen lässt sich freiwillig wiegen.

eine nahezu vollständige Befiederung vorhanden, einige Wochen später weist nichts mehr auf die Übeltäter hin. In sehr schlimmen Fällen des Rupfens kann es helfen, entweder den Nistkastendeckel zu öffnen, die Jungen mit einer Bittertinktur einzureiben oder den Kasten mit

83

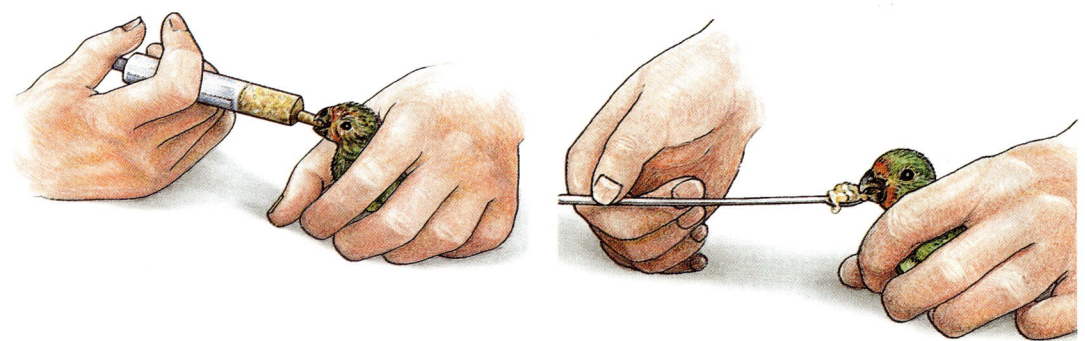

Bei der Handaufzucht kann zum Füttern eine Einmalspritze oder ein spezieller Futterlöffel verwendet werden.

grobmaschigem Gitter teilweise so abzusperren, dass die Eltern die Jungen weiter füttern können. Werden von den Eltern jedoch die Blutkiele beschädigt, empfiehlt sich eine weitere Handaufzucht der Jungvögel. Die Augen der Küken sind zu dieser Zeit schon geöffnet und die Fütterung vom Löffel bereitet in der Regel dann keine Schwierigkeiten. In spezieller Literatur wird die Handaufzucht ausführlich beschrieben.

Schön bunt – Mutationen und Kombinationen

Im Laufe der Zucht von Agaporniden sind eine Vielzahl an Mutationen entstanden. Die erste Mutante bei den Rosenköpfchen trat bereits Ende der vierziger Jahre des vergangenen Jahrhunderts in Kalifornien auf, nachdem einzelne farbveränderte Vögel zuvor in der Natur beobachtet werden konnten, wie etwa das blaue Schwarzköpfchen um 1927 in Tansania. Bei der kalifornischen Mutation handelte es sich um einen *Agapornis roseicollis* Schecken. Die ersten Schecken kamen 1969 über die Schweiz nach Deutschland und begründeten den Beginn der Mutationszucht. Nachdem weitere Farben wie „Pastellblau" und der „Lutino" herausgezüchtet wurden oder eher zufällig aus wildfarbigen Vögeln fielen, wurden die verschiedenen Farbschläge miteinander verpaart – die so genannten Kombinationen entstanden. Mittlerweile gibt es im Bereich der Agaporniden über einhundert bekannte Mutations- und Kombinationsfarben. In dieser großen Farbpalette ist für jeden Geschmack etwas dabei. Nicht alle Kombinationen werden jedem gefallen, aber der Geschmack ist ja individuell. Auf Ausstellungen oder Spezialschauen für Agaporniden können Sie die verschiedenfarbigen Zuchtergebnisse ansehen und bei der Anschaffung Vögel nach Ihrem persönlichen Geschmack aussuchen.

Ausstellung –
eine Herausforderung
für jeden Züchter

■ Rechte Seite:
Schwarzköpfchen sind
oft auf Ausstellungen zu
sehen.

Sie haben den Schritt vom Vogelhalter zum Hobbyzüchter vollzogen und bereits den ersten Nachwuchs auf der Stange sitzen. Mit dem Stolz über die erfolgreiche Nachzucht erwacht sicherlich auch das Interesse am Qualitätsvergleich. Sind meine Vögel auch so gut wie die auf den Ausstellungen oder sogar besser? Diese Gedanken sind der erste Schritt zur eigenen Teilnahme an einer Ausstellung.

Kontakt für Hobbyzüchter

Ausstellungen bieten Ihnen neben dem Vergleich der Vögel auch die Gelegenheit, mit anderen Hobbyzüchtern in Kontakt zu treten und Erfahrungen auszutauschen. Wollen Sie nur mit ein oder zwei Pärchen züchten oder haben Sie soviel Gefallen an Ihren kleinen Papa-

■ Geschafft: Bundessieger – die höchste Auszeichnung für Vögel aus eigener Zucht.

86

geien gefunden, dass Sie Ihre Zucht ausbauen und erweitern möchten? Dann bieten Vogelschauen ebenfalls die Gelegenheit, Vögel mit anderen Züchtern zu tauschen, weitere Arten zu erwerben und neue Farben kennen zu lernen.

Sicherlich ist auch der Lohn für gute züchterische Arbeit in Form von Ehrenpreisen, Pokalen, Medaillen oder einfach nur die Anerkennung von anderen Züchtern ein Anreiz, an Vogelausstellungen teilzunehmen. Bei den von diversen Zuchtverbänden durchgeführten Schauen werden die Ausstellungsvögel von geschulten Zuchtrichtern bewertet. Hier hat man die Möglichkeit, auch etwas über die eventuellen Mängel der Vögel zu lernen. Voraussetzung für die Teilnahme an einer solchen Veranstaltung ist allerdings die Mitgliedschaft in den entsprechenden Verbänden. Natürlich bieten gute Ausstellungserfolge auch die Chance, eine Nachzucht leichter gegen blutsfremde Vögel zu tauschen oder abzugeben, denn letztenendes kann man sie nicht alle selbst behalten.

Ausstellung – Wie kann ich teilnehmen?

Grundvoraussetzung für die Teilnahme an einer Bewertungsschau ist, dass die Agaporniden mit geschlossenen Fußringen versehen sind. Die Markierung mit Fußringen betrifft nicht nur Zucht- und Ausstellungstiere, sondern ist eine Vorschrift des Tierseuchengesetzes. Geschlossene Ringe erhält man nur bei Mitgliedschaft in einem Zuchtverband.

Hier gibt es verschiedene Möglichkeiten. Es gibt Verbände, die Einzelmitgliedschaften zulassen, man braucht sich also keinem Verein oder Landesverband anschließen, hat aber trotzdem die Gelegenheit, bei allen Ausstellungen dieses Verbandes teilzunehmen. Jeder Verband gibt sich so genannte Ausstellungsrichtlinien, die man sich vor der ersten Teilnahme aufmerksam durchlesen sollte.

Sicher werden Ihnen die Züchter des jeweiligen Verbandes oder die Ausstellungsleiter bei Ihrer ersten Teilnahme behilflich sein, den nötigen „Papierkrieg" davor zu bewältigen.

Ebenfalls Grundvoraussetzung für die Teilnahme an einer Bewertungsschau ist die Anschaffung von speziellen Schaukäfigen. Sie können diese über den Zubehörhandel erwerben, sie sind genormt und dienen der Unterbringung der Schauvögel während der Dauer der Ausstellung.

Bei den meisten Vogelausstellungen werden Voranmeldungen verlangt, bei denen die Art, Farbe und Geschlecht, sowie Alter der Vögel angegeben werden müssen. Für die Bewertung der Vögel ist in der Regel ein so genanntes Standgeld zu entrichten.

Wichtig

Nur gesunde und gepflegte Vögel sollten auf einer Ausstellung gezeigt werden!

Zuchtverbände und Arbeitsgemeinschaften

Wie vielfältig die Aufgaben eines Vogelhalters oder -züchters sind, haben Sie in diesem Ratgeber nun erfahren. Es wird aber immer wieder Situationen geben, in denen Sie Rat oder Mithilfe von Außenstehenden brauchen.

Die unterste regionale Ebene, auf der sich Vogelliebhaber zusammen gefunden haben, sind spezielle Vereine oder Stammtische. Lesen Sie aufmerksam Ihre Tageszeitung, gerade zwischen September und Dezember veranstalten die meisten dieser Vereine Vogelausstellungen. Hier können Sie Kontakte knüpfen und man wird Ihnen gerne weiterhelfen. Fast alle dieser Vereine sind einer übergeordneten Organisation angeschlossen. Auch diese Organisationen veranstalten Landes- und Bundesschauen (oder Meisterschaften), deren Termine in den Zeitungen angekündigt werden.

Für einen Züchter ist es fast unumgänglich (aber auch sehr ratsam), sich einer dieser Organisationen anzuschließen. Außer regelmäßiger Verbandsnachrichten und Kontakten zu Gleichgesinnten können hier die amtlichen Fußringe bezogen werden. Innerhalb der Dachorganisationen haben sich spezielle Arbeitsgemeinschaften gebildet, so auch die für Agaporniden (Adressen siehe Seite 88). Die Mitglieder dieser Arbeitsgemeinschaften treffen sich ein- oder mehrmals im Jahr, um Erfahrungen auszutauschen, Gäste sind dabei immer willkommen.

Verzeichnisse

Adressen

Vogelzucht- und -schutzverbände

Vereinigung für Artenschutz,
Vogelhaltung und Vogelzucht (AZ) e. V.
Geschäftsstelle:
Helmut Uebele
Postfach 1168, 71501 Backnang

Deutscher Kanarienzüchter – Bund e. V. (DKB)
Geschäftsstelle:
Werner Kneule
Alfredstraße 66, 72250 Freudenstadt

Vereinigung „Ziergeflügel-
und Exotenzüchter e. V." (VZE)
Geschäftsstelle:
Anita Wöhrmann
Spreeaue 14, 03130 Spremberg/L.

Arbeitsgemeinschaften

IG Agaporniden und Kleinpapageien
innerhalb der VZE
Rainer Bäde
Gartenstraße 19, 01968 Großkoschen

AZ - IG Forpus/Agapornis
Bernd Ziegenfuß,
Mörfelderstraße 15, 64331 Weiterstadt

Literatur

Zeitschriften

Gefiederte Welt, Verlag Eugen Ulmer, Postfach 70 05 61,
70574 Stuttgart.
Die Voliere, Verlag M. & H. Schaper, Postfach 16 42, 31046 Alfeld.
Papageien und WP-Magazin, Arndt-Verlag, Brückenfeldstraße 28,
75015 Bretten.

Bücher

Bundesministerium für Landwirtschaft, Ernährung und Forsten, Referat Tierschutz: Gutachten über Mindestanforderungen an die Haltung von Papageien, Bonn 1995.
Brockmann, J.: Agaporniden. Haltung, Zucht und Farbmutationen der Unzertrennlichen. Verlag Eugen Ulmer, Stuttgart 3. verb. Aufl. 1993.
Gaiser, G./ Ochs, B.: Die Agapornis-Arten und ihre Mutationen. Verlag H. Reutin-Gaiser, Meitingen 1995.

Bildquellen

Juniors Bildarchiv, J. u. P. Wegler, Ruhpolding: Seite 89
Lietzow, Eckhard, Enger: Titelfoto (großes Bild), Einklinker, Umschlagrückseite, Seite 1, 5, 7, 13, 14, 15 (2), 16, 19, 20, 21, 22, 23, 24, 25, 27 (2), 29, 30, 32, 33, 34, 36, 37, 40, 42, 44 und als Kolumnentitel, 46, 50, 54, 56, 64, 66, 67, 69, 72, 78, 79, 80, 83, 86, 87
Mayer, Horst, Walldorf: Seite 17, 57, 77
Paysan, Klaus, Stuttgart: Seite 9
Pfeffer, Franz, Plattling: Seite 41
Reinhard, Hans, Heiligkreuzsteinach: Seite 47, 48, 52, 85

Die Zeichnungen fertigte Christiane Gottschlich, Berlin, nach Vorlagen der Autoren und aus der Literatur.

Register

Die Deutsche Bibliothek – CIP-Einheitsaufnahme

Ehlenbröker, Jörg:
Agaporniden : Unzertrennliche /
Jörg & Renate Ehlenbröker ; Eckhard Lietzow. –
Stuttgart (Hohenheim) : Ulmer, 2001
(Heimtiere)
ISBN 3-8001-3152-8

© 2001 Verlag Eugen Ulmer GmbH & Co.
Wollgrasweg 41, 70599 Stuttgart (Hohenheim);
internet http://www.ulmer.de
E-Mail: info@ulmer.de.
Printed in Germany
Lektorat: Dr. Eva-Maria Götz, Waltraud Düber
DTP & Herstellung: Jürgen Sprenzel
Druck und Bindung: Georg Appl, Wemding

Wenn Sie mehr wissen wollen...

Dieses Buch erklärt, wie man durch das Kraulen bestimmter Energiepunkte das Immunsystem gerade zahmer Vögel stimulieren, Streßsymptome reduzieren und bei vielen Krankheiten den Heilungsprozeß beschleunigen kann. Die Autorinnen nennen konkrete Behandlungsmethoden für 28 Krankheitsbilder, sollten doch einmal Krankheiten auftreten. Erfolgreich hierbei sind homöopathische Präparate, Heilkräuter, das Kraulen von Energiepunkten und die Farbbestrahlung.
Kraulschule für zahme Vögel. Akupressur und andere Heilmethoden. R. Sonnenschmidt, M. Wagner. 1997. 126 S., 70 Farbf., 12 Zeichn. ISBN 3-8001-6872-3.

Die Naturheilkunde mit ihren seit Jahrhunderten erprobten und bewährten Heilmethoden spielt heute nicht nur in der Humanmedizin eine Rolle. Mit diesen ganzheitlichen Heilweisen haben sich auch für die Haltung von Vögeln und bei der Behandlung ihrer Krankheiten neue Wege und Lösungen aufgetan. Dazu werden hier erstmals die Naturheilverfahren der Akupunktur, Akupressur, Homöopathie, Bach-Blüten- und Farbtherapie sowie das Kinesiologische Testverfahren – allein auf Vögel bezogen – eingehend vorgestellt.
Vögel. R. Sonnenschmidt, M. Wagner. 1996. 158 S., 36 Farbf., 53 sw-Abb., 6 Tab. ISBN 3-8001-7332-8.

Was muß man tun, wenn der Wellensittich, der Papagei oder die Zebrafinken krank sind? Das Buch vermittelt allen Ziervogelhaltern das nötige Basiswissen zur Erkennung und Einschätzung der häufigsten Krankheiten. Die wichtigsten werden besprochen und in Farbfotos gezeigt, um das Erkennen der Symptome zu erleichtern. Ein Kapitel über Erste Hilfe gibt Tipps für die richtige Behandlung von Vögeln in Notfallsituationen. Eine Checkliste für den Tierarztbesuch sorgt dafür, daß man dort die wichtigsten Fakten parat hat. Die schwierige Aufzucht von Nestlingen wird ebenfalls erläutert.
Ziervogelkrankheiten. D. Quinten. 1998. 127 S., 65 Farbf. ISBN 3-8001-7379-4.

Alles über Haltung und Pflege.

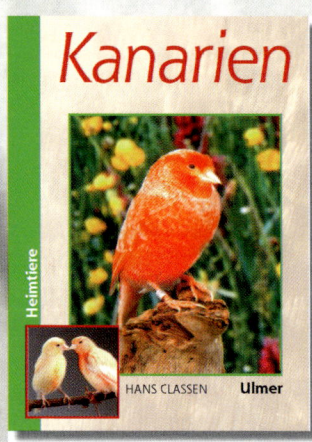

Dieses Buch gibt praktische Ratschläge zur artgemäßen und verhaltensgerechten Unterbringung, Ernährung und Gesunderhaltung von Graupapageien in Menschenobhut. Es enthält interessante Informationen über das Verhalten und die Lebensweise der Graupapageien, die dem verantwortungsbewussten Besitzer helfen sollen, seinen Vogel besser zu verstehen. Viele Ideen und Tipps, wie Graupapageien untergebracht und beschäftigt werden können, sollen Besitzer von Graupapageien dazu ermutigen, ihren Vögeln das Leben abwechslungsreicher zu gestalten.

Graupapageien. D. Schratter. Etwa 96 S., 55 Farbf. ISBN 3-8001-3176-5.

Die Geschichte der Kanarienhaltung und –zucht geht weit zurück. Kanarien wurden hauptsächlich wegen ihres Gesanges und ihrer typischen Farbe gehalten. Wenn man sich entscheidet, Kanarien zu halten, sollte man sich vor dem Kauf überlegen, wie Unterkunft und Umfeld für diese Vögel gestaltet werden sollten. Auf all dies geht dieses Buch mit vielen praktischen Tipps und Hinweisen ein, außerdem enthält es Informationen über die Verhaltensweisen der Kanarien, über die verschiedenen Arten des Gesanges, die Vielfalt der Farben, über Zucht und Aufzucht und über das Ausstellen.

Kanarien. H. Claßen. Etwa 96 S., 55 Farbf., 20 Zeichn. ISBN 3-8001-3184-6.

Ziel dieses Buches ist es, dem Vogelhalter fundierte Grundlagenkenntnisse zu vermitteln, um die Vogelernährung zu verbessern. In diesem Bemühen kann selbstverständlich nicht auf die jeweils spezifischen Bedarfsansprüche der verschiedenen Vogelarten eingegangen werden. Jedoch soll der Vogelpfleger in die Lage versetzt werden, besser als zuvor biologische Gesetzmäßigkeiten und Zusammenhänge zu verstehen, um daraus praktische Maßnahmen für die tägliche Fütterung des Vogels ableiten zu können.

Die Ernährung des Vogels. Grundlagen und Praxis. W. Aeckerlein. 2. Auflage 1993. 132 Seiten, 17 Abbildungen. ISBN 3-8001-7277-1.